Fiori da colorare

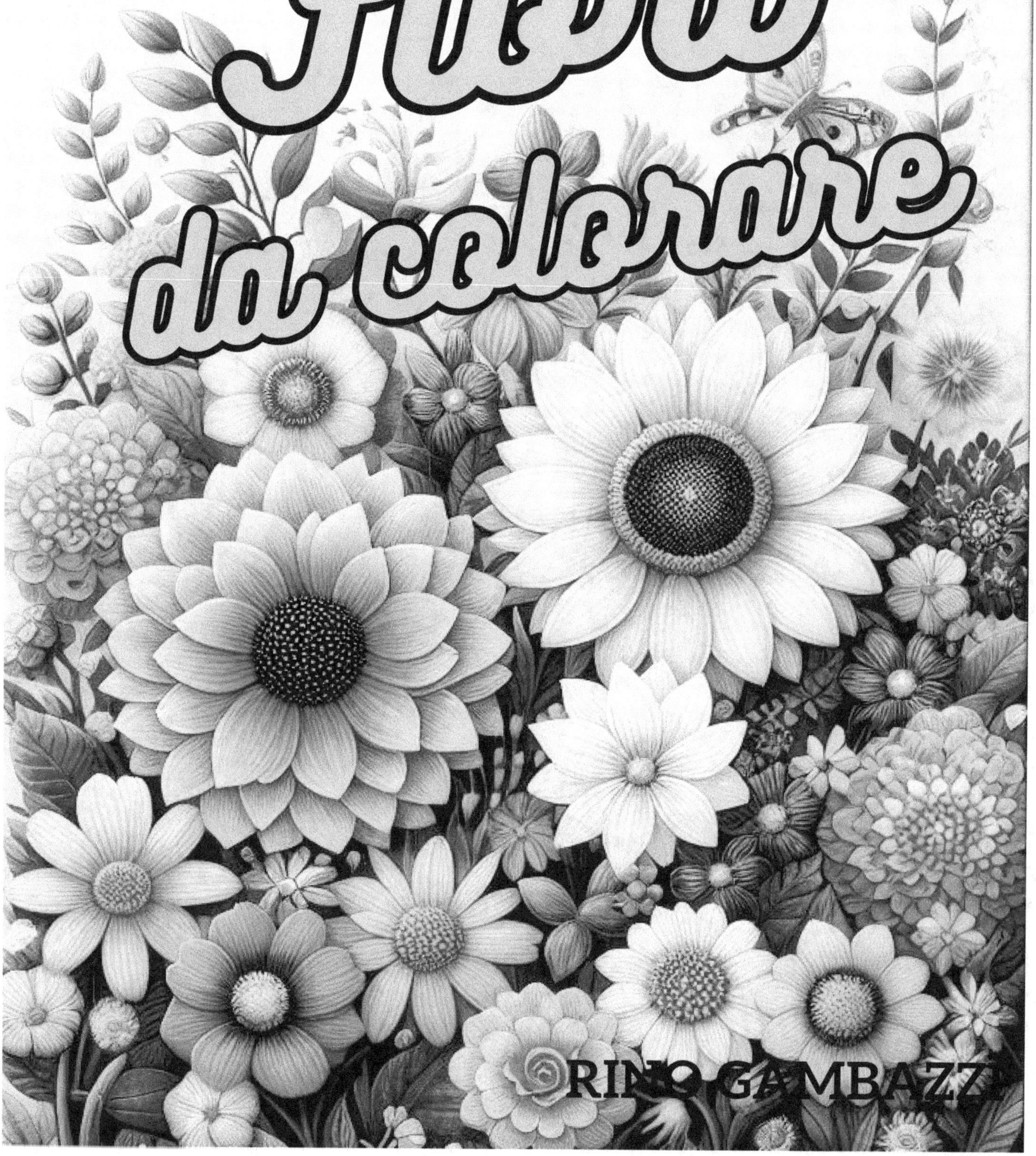

RINO GAMBAZZI

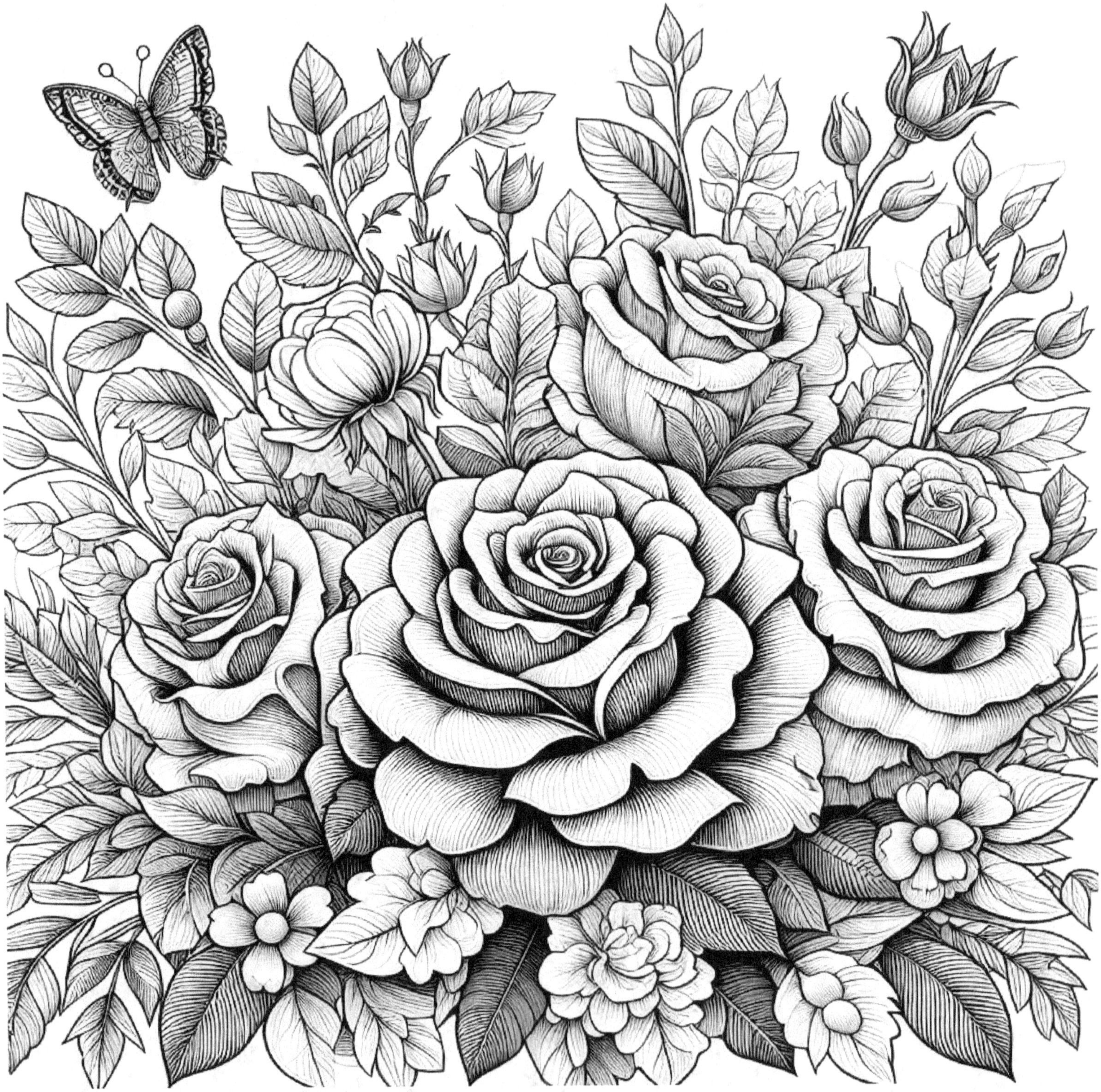

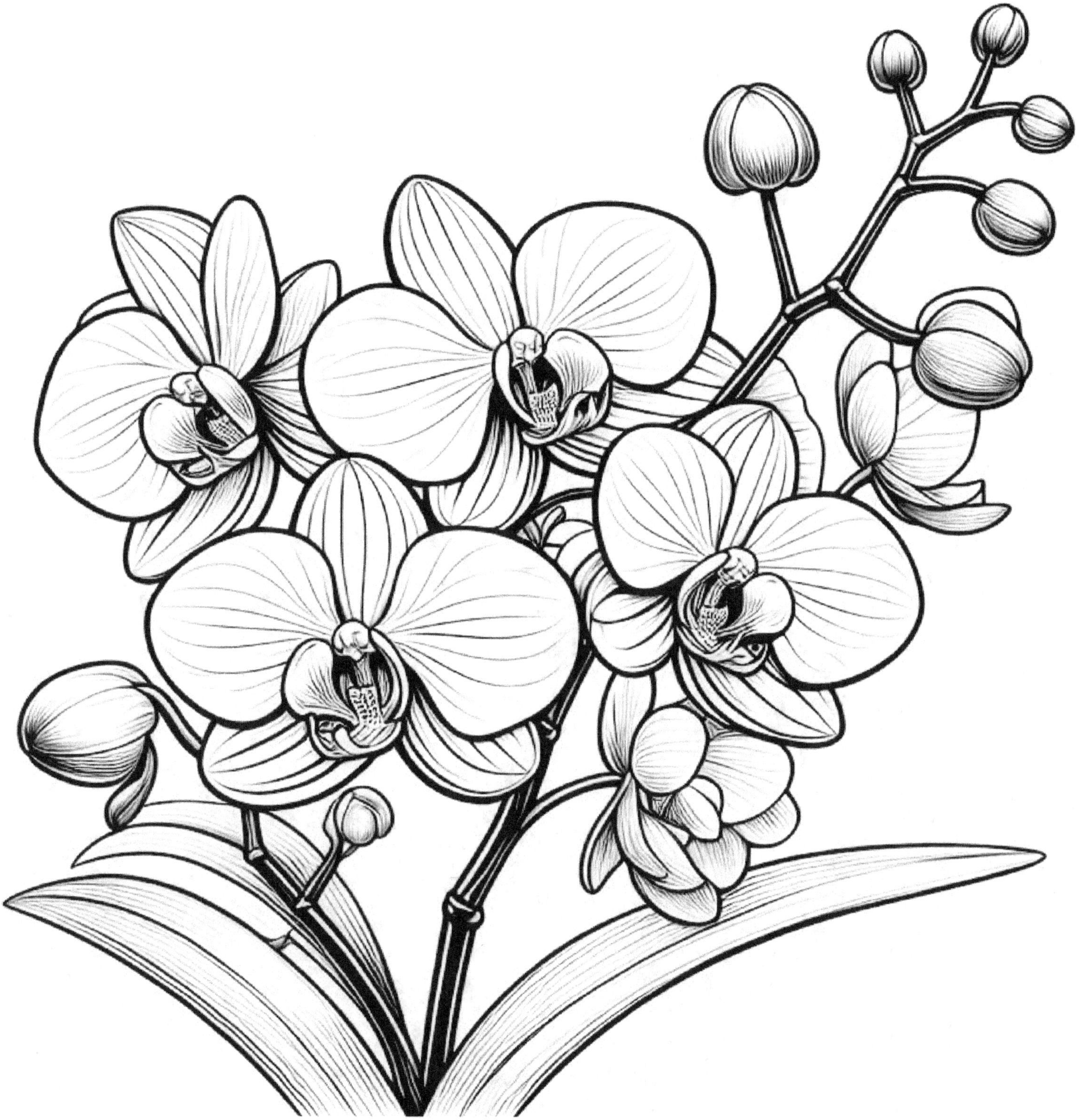

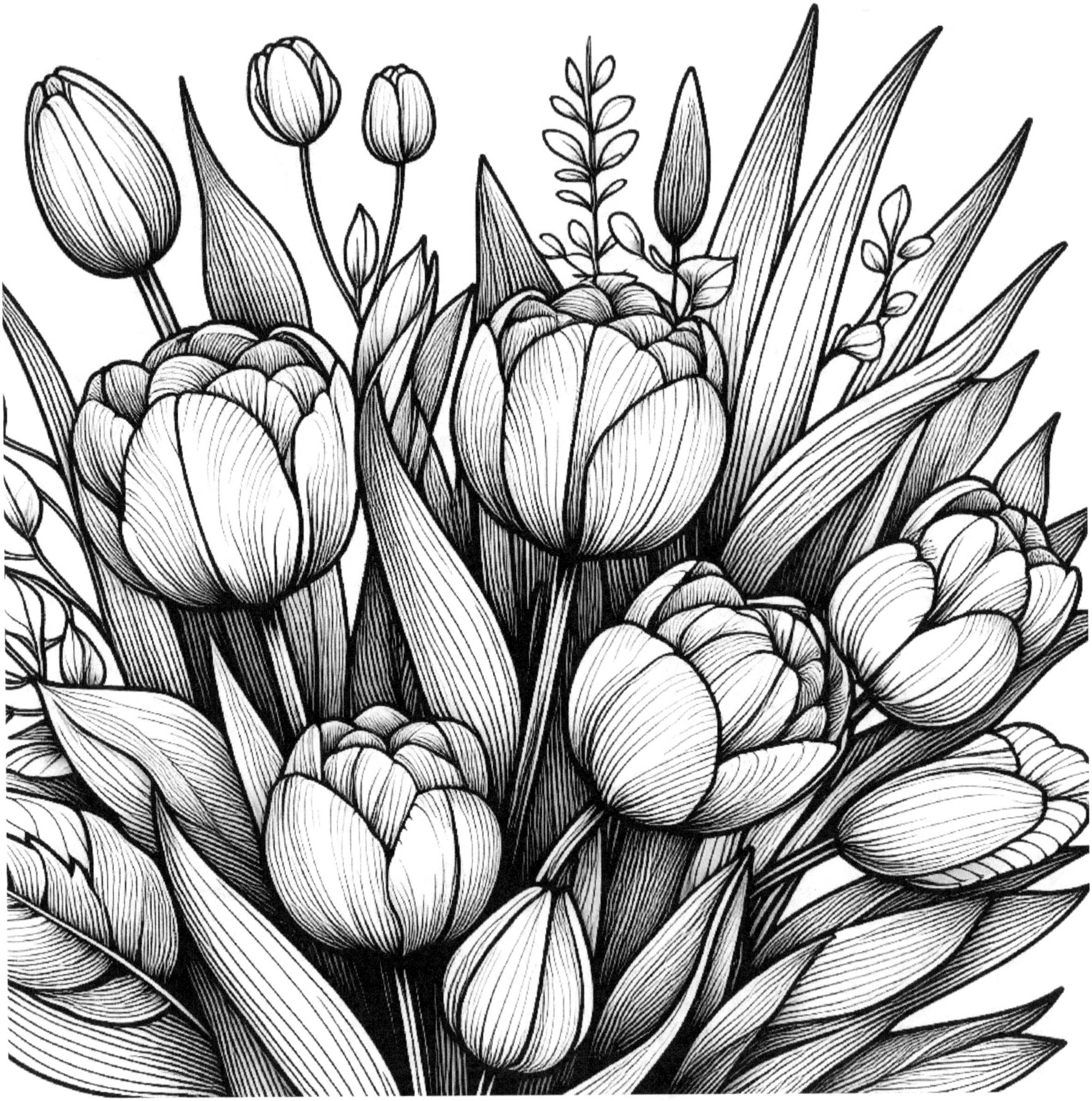

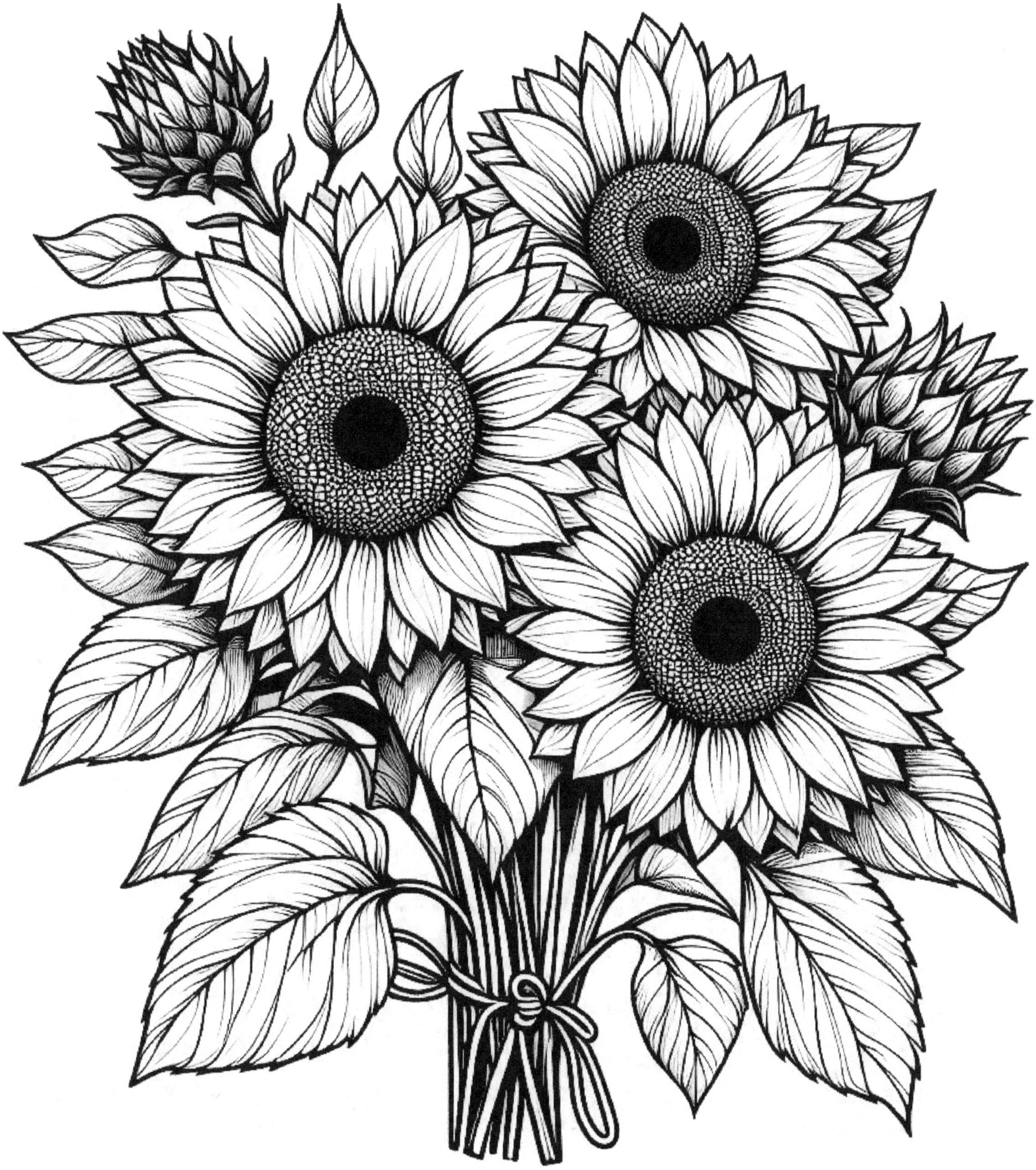

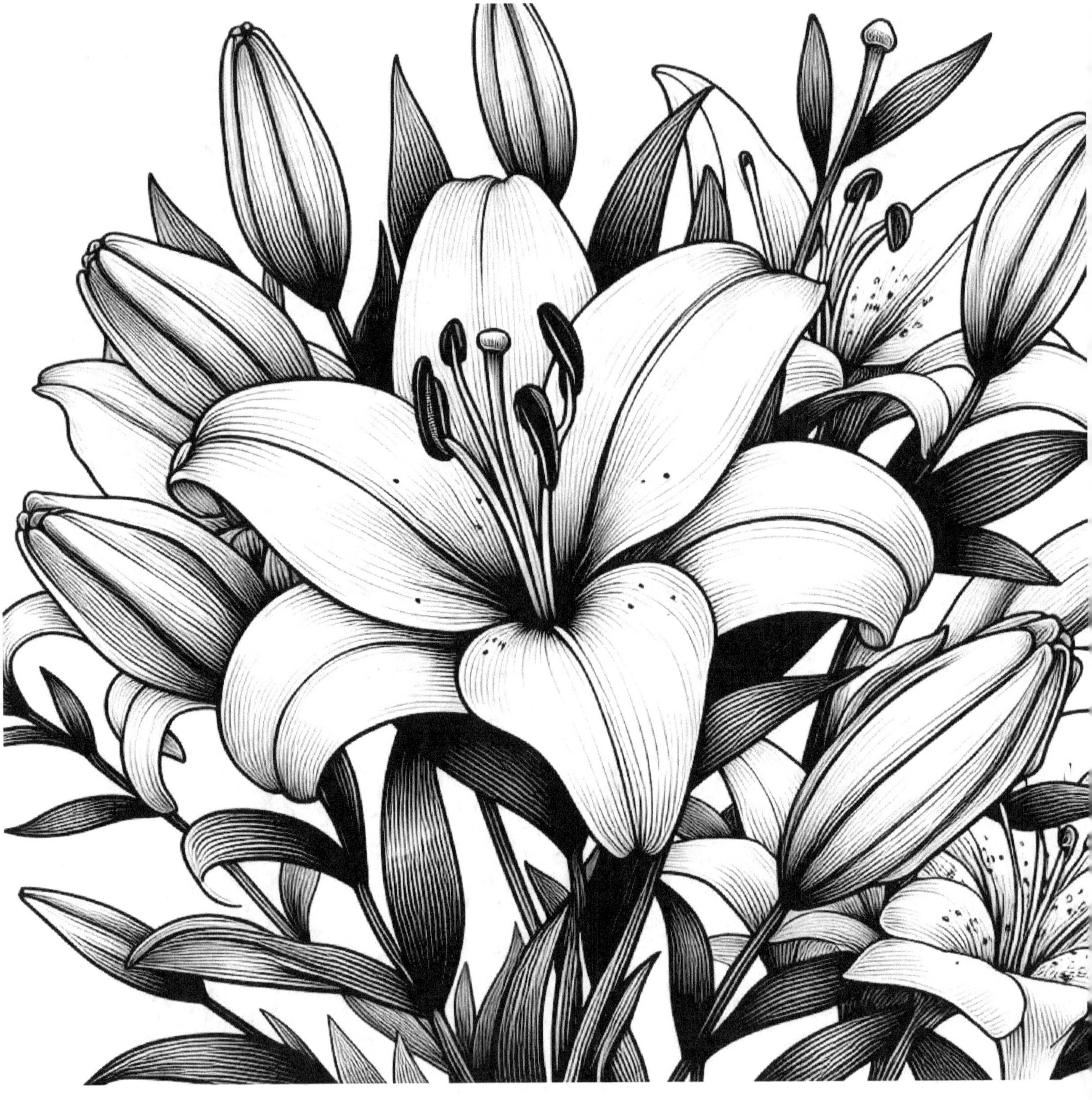

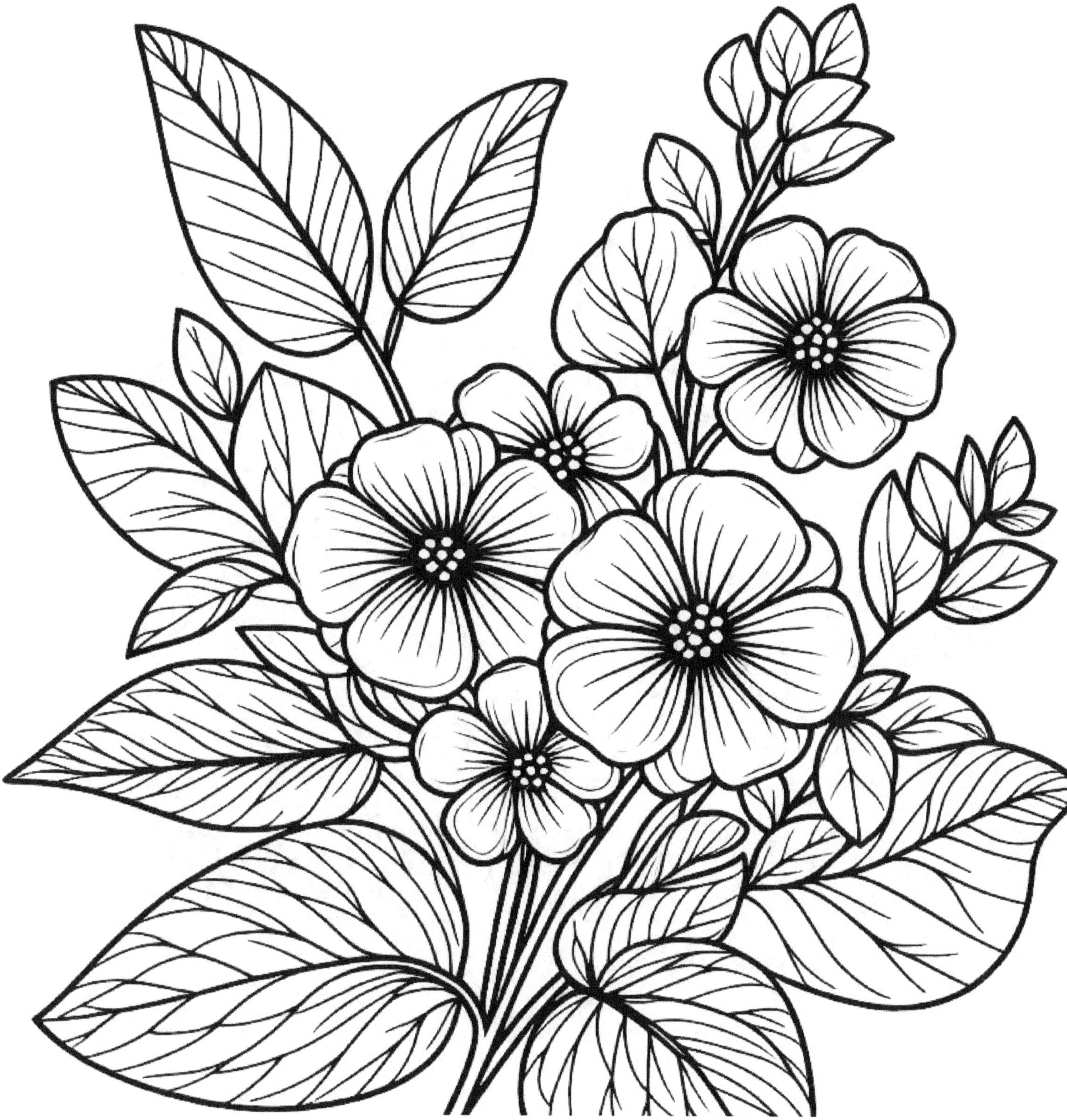

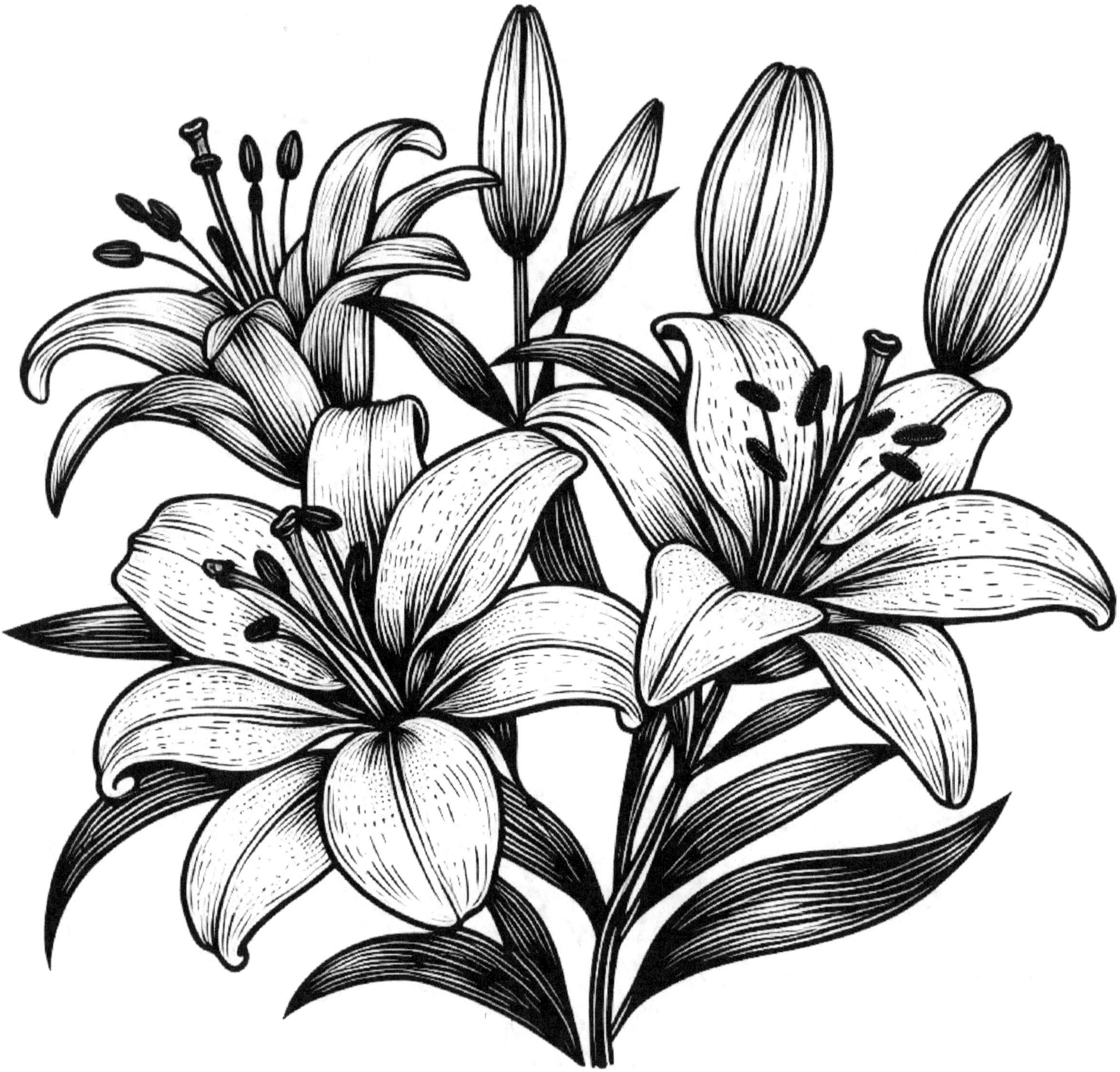

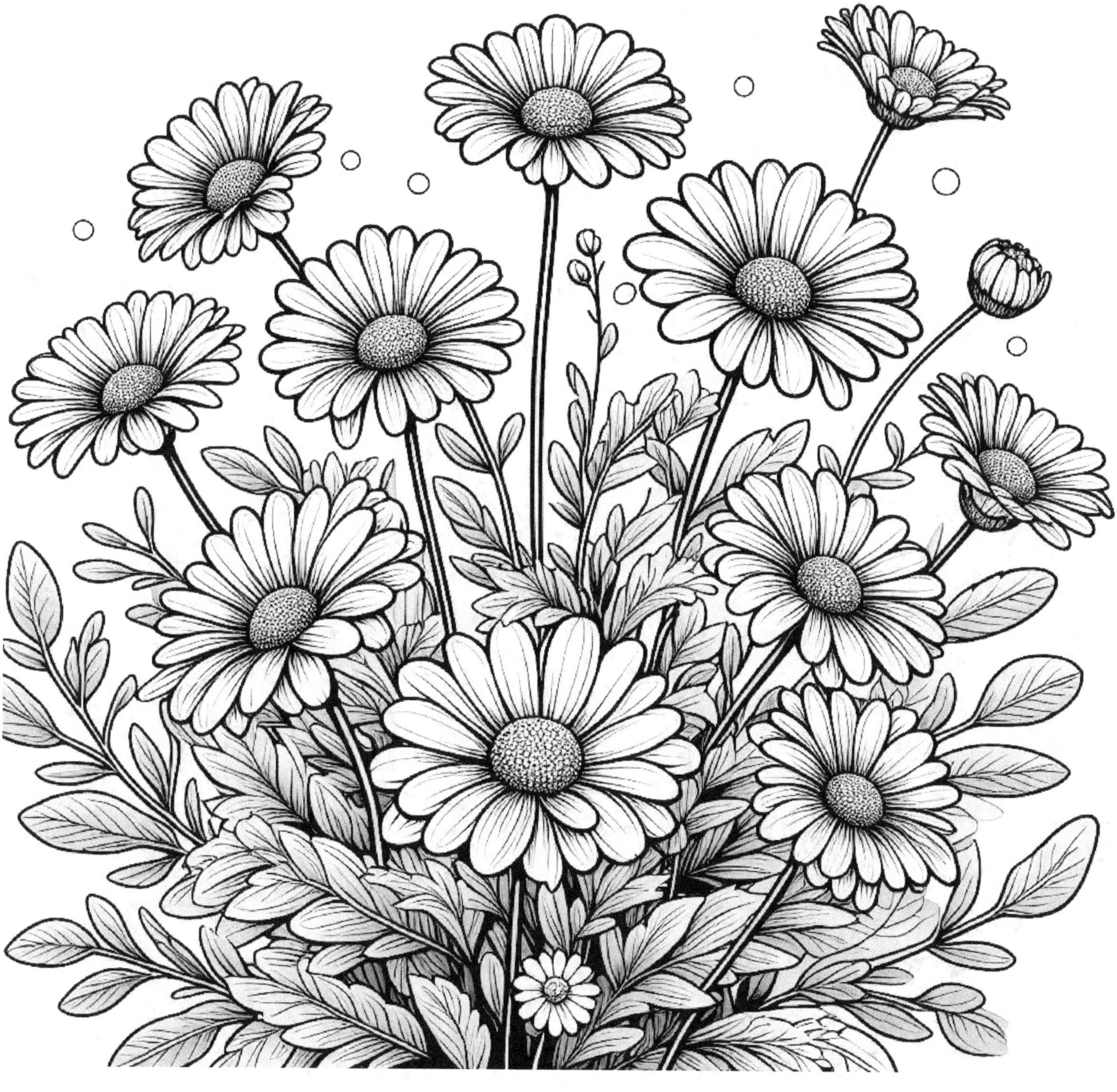

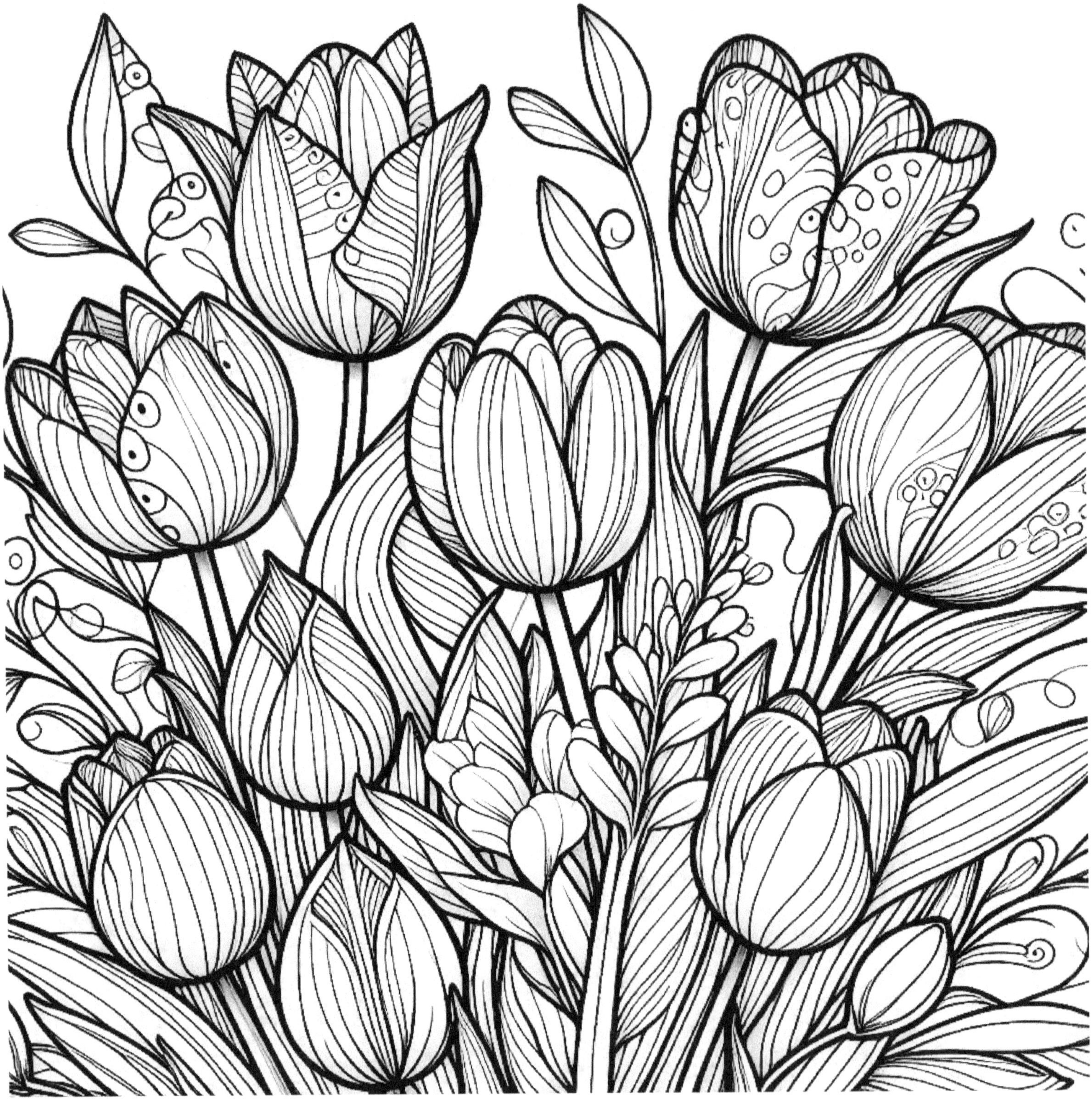

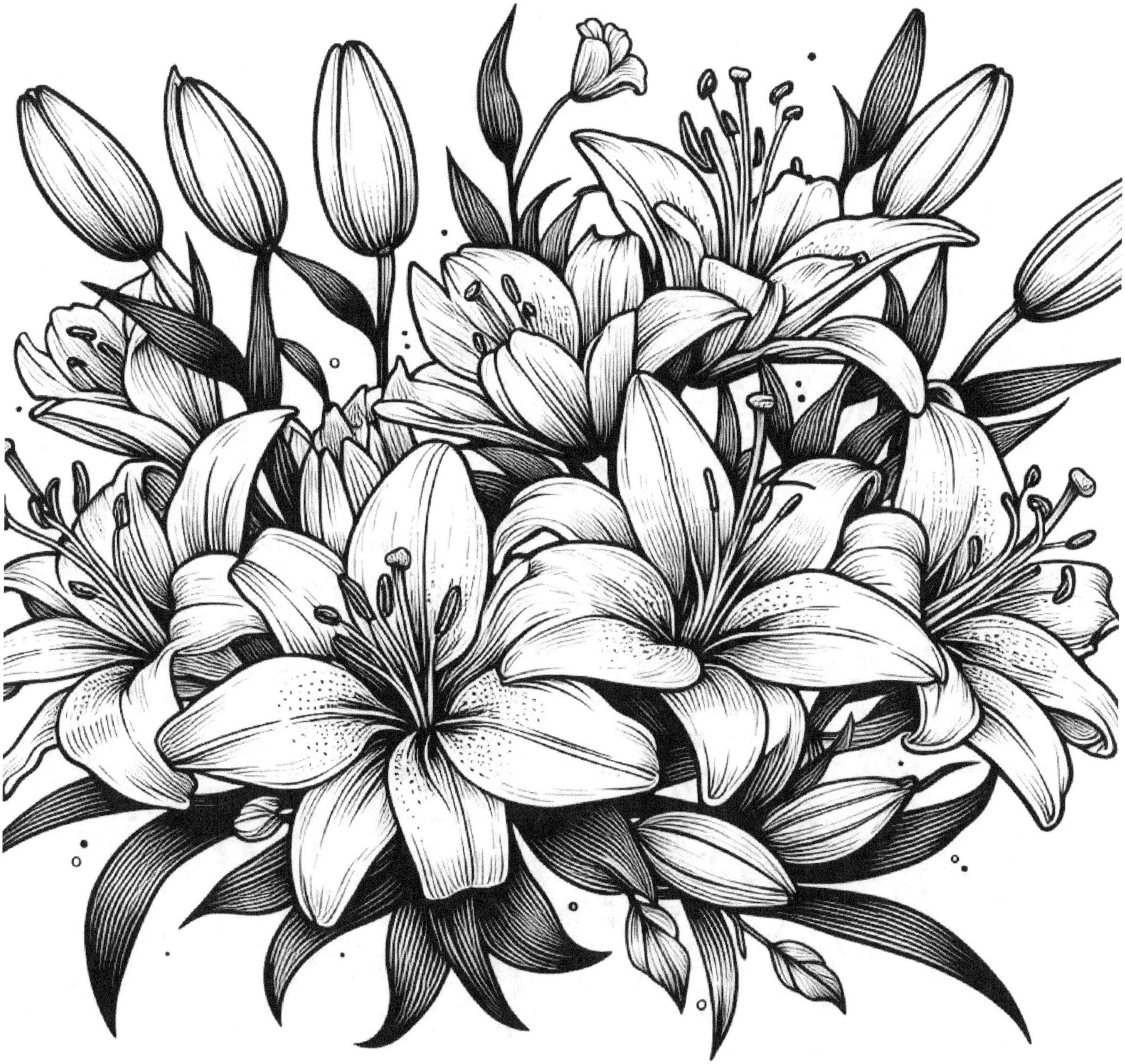

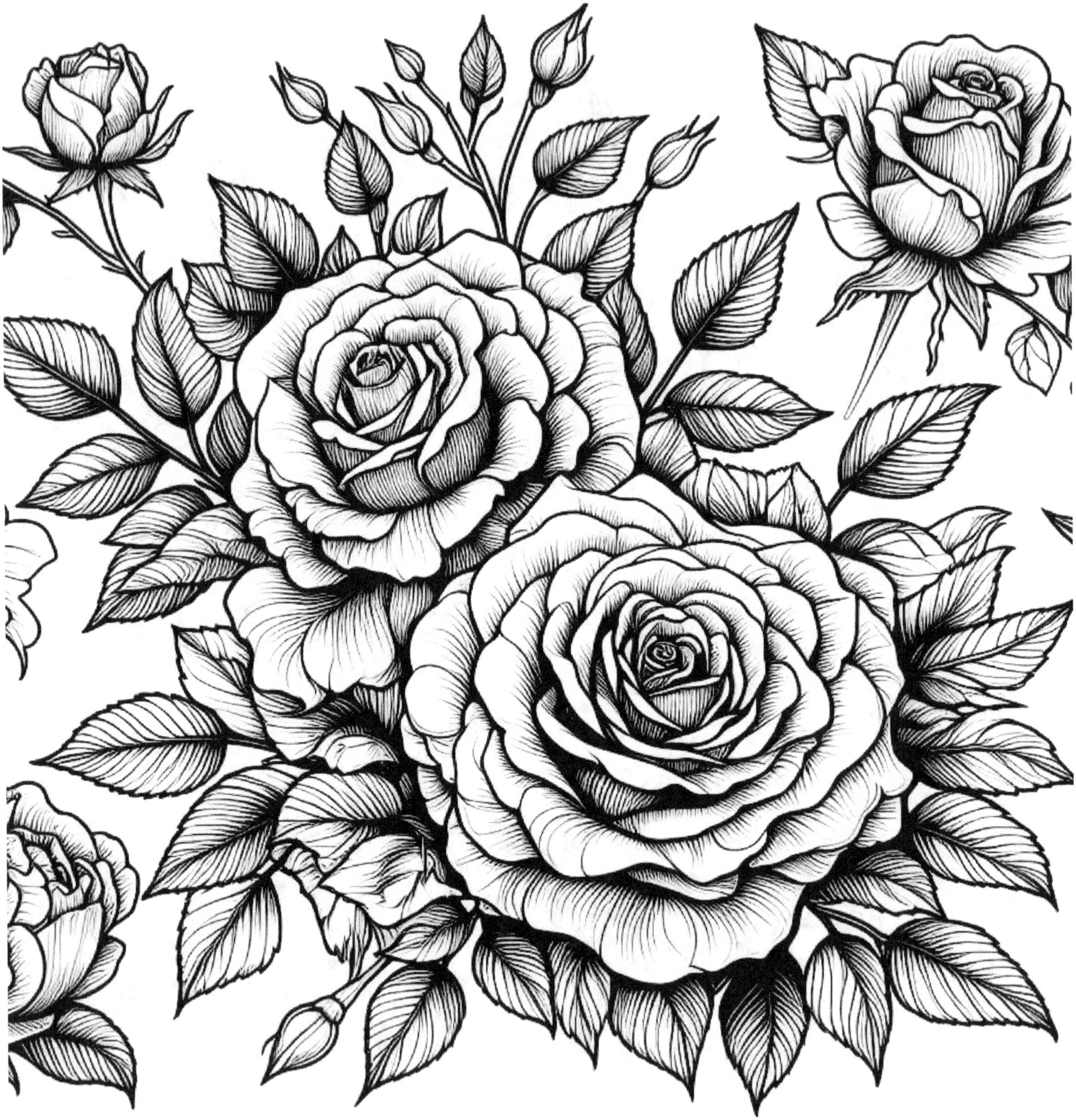

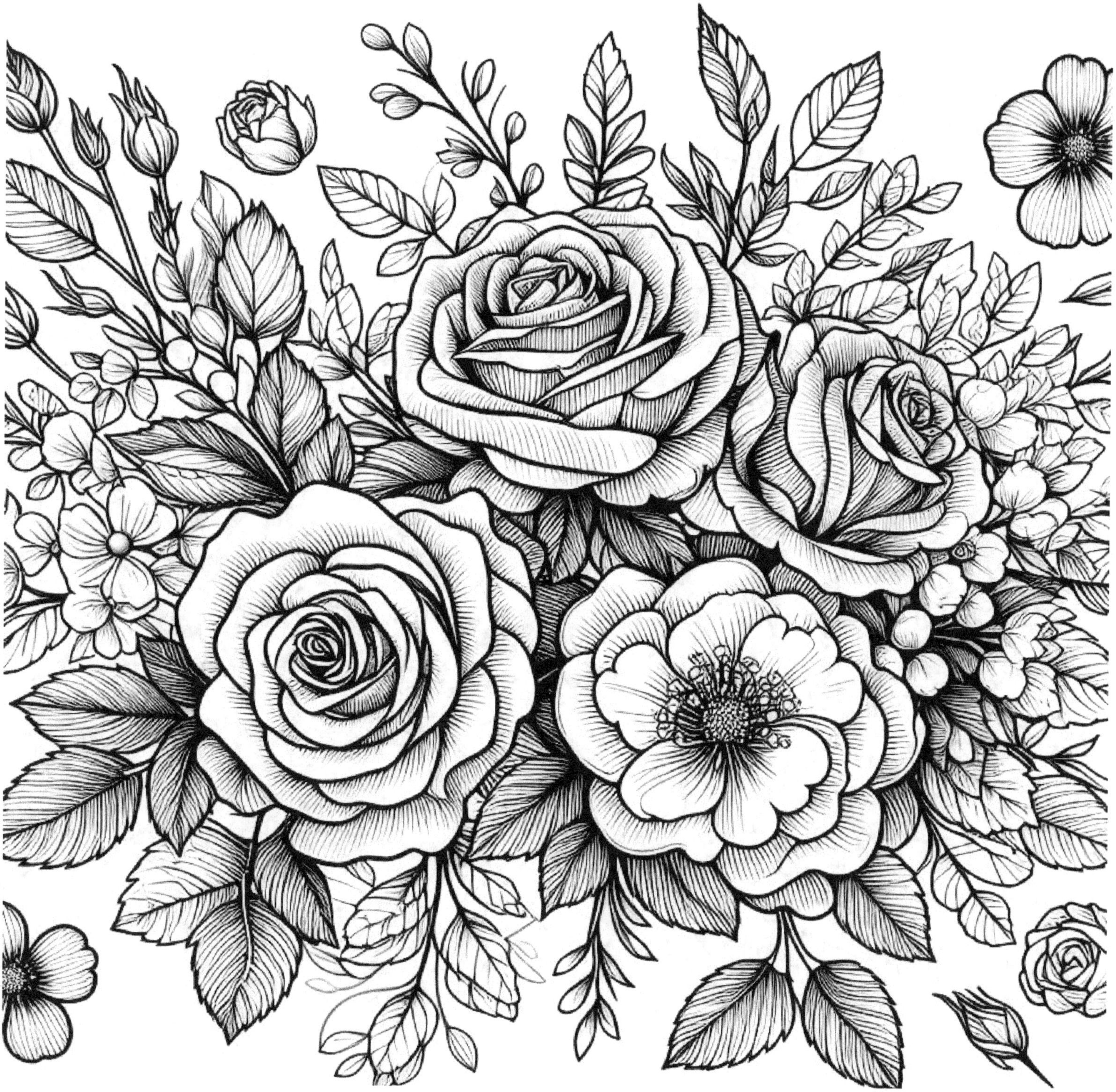

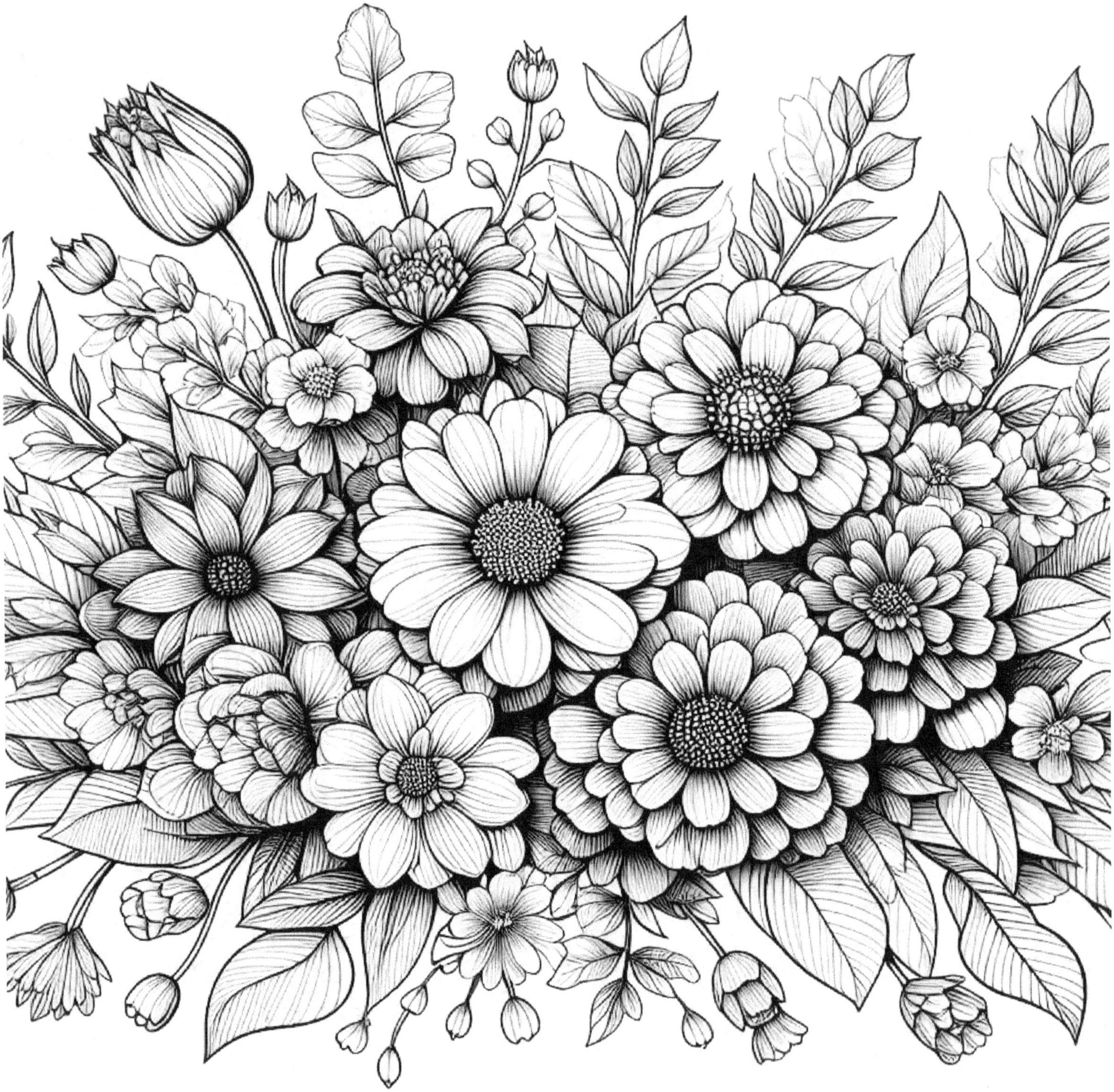

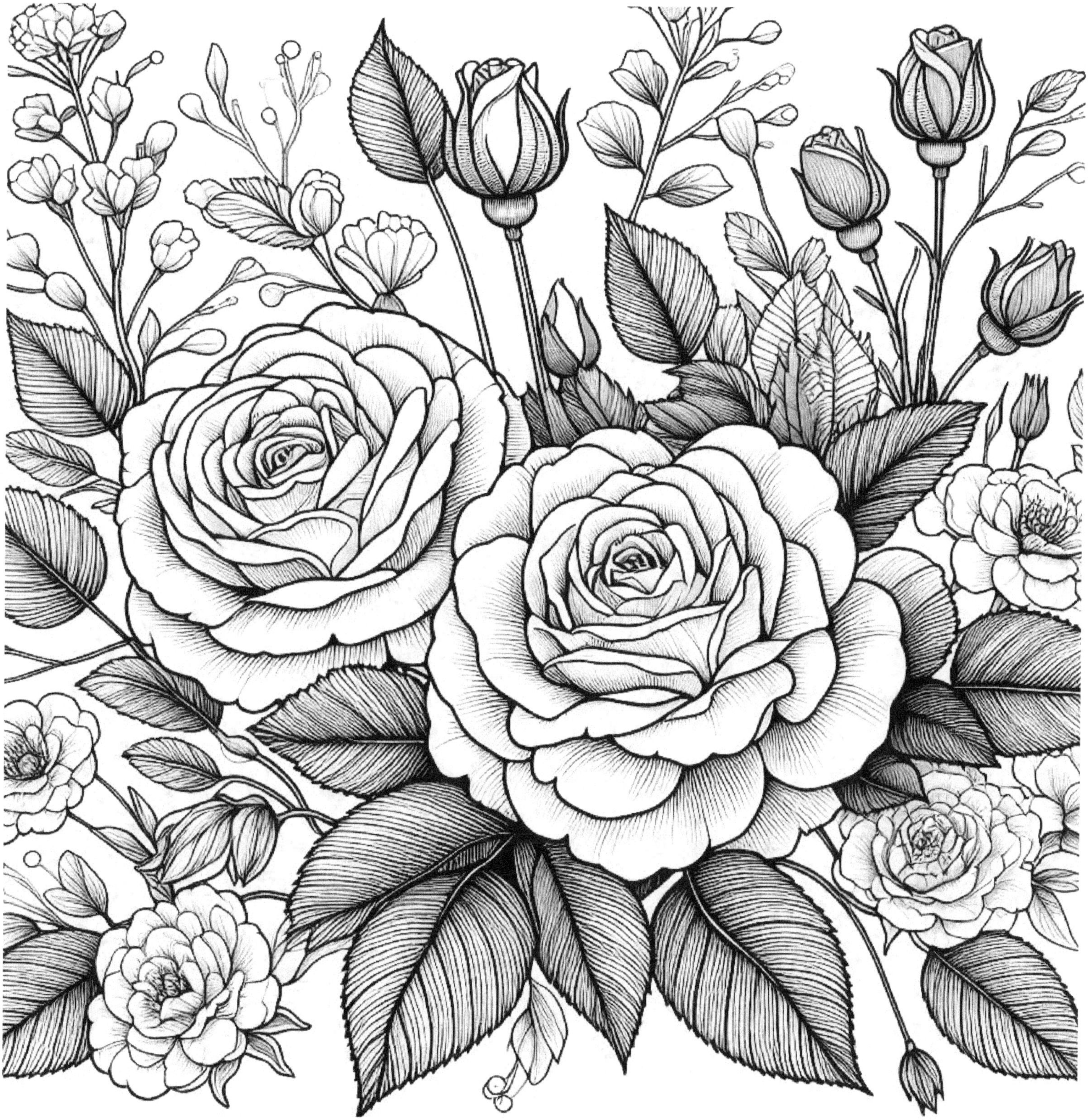

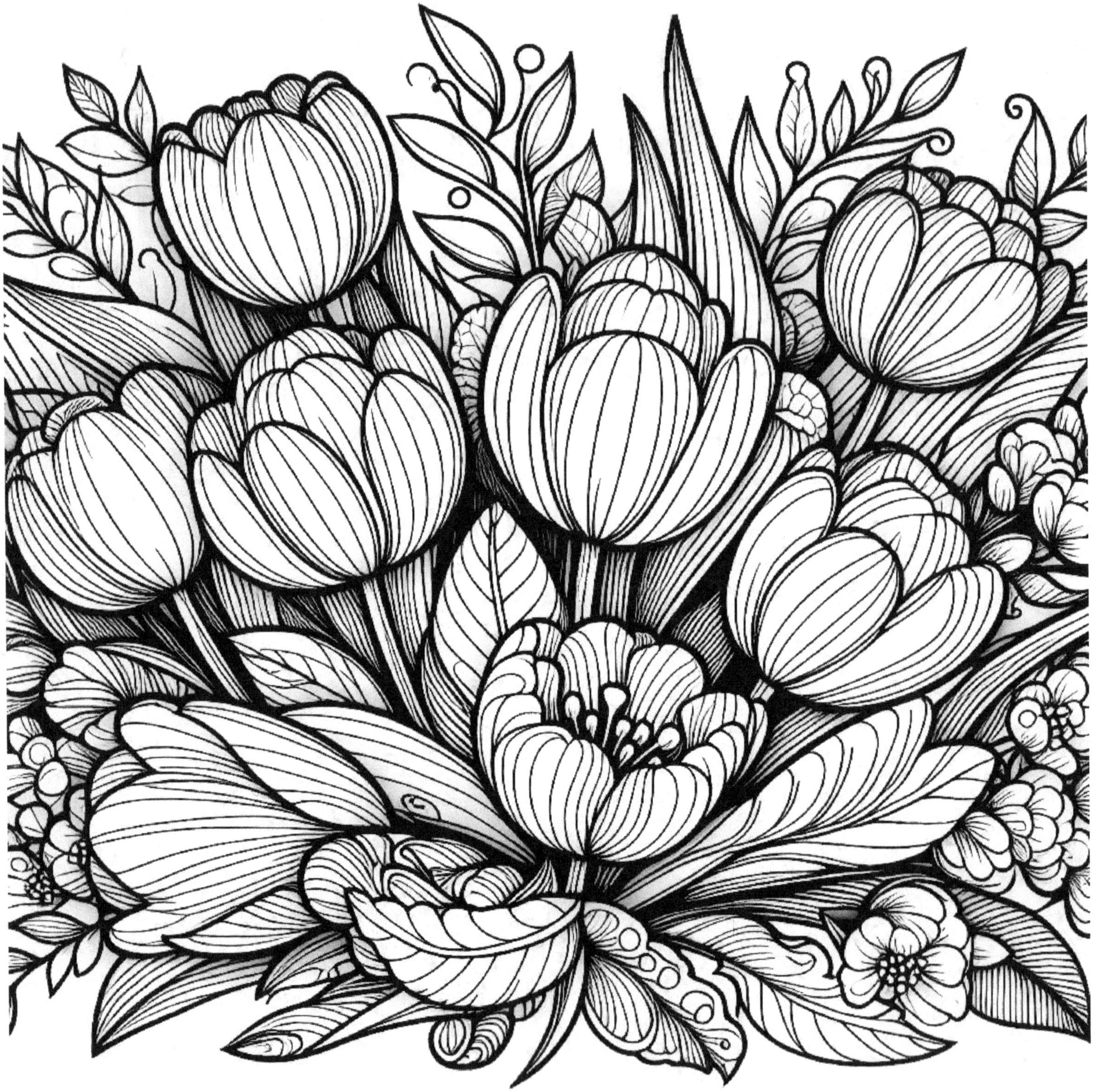

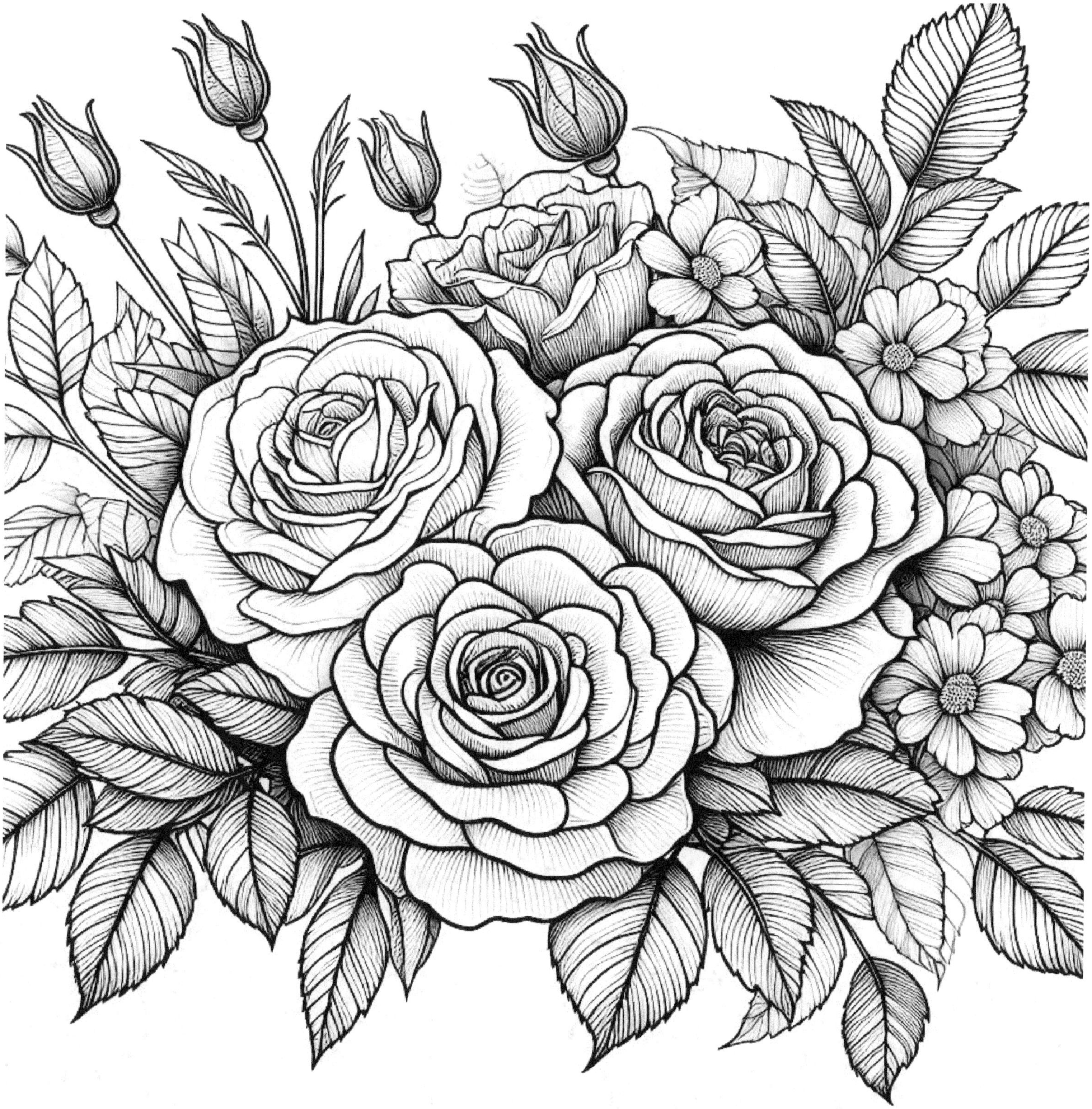

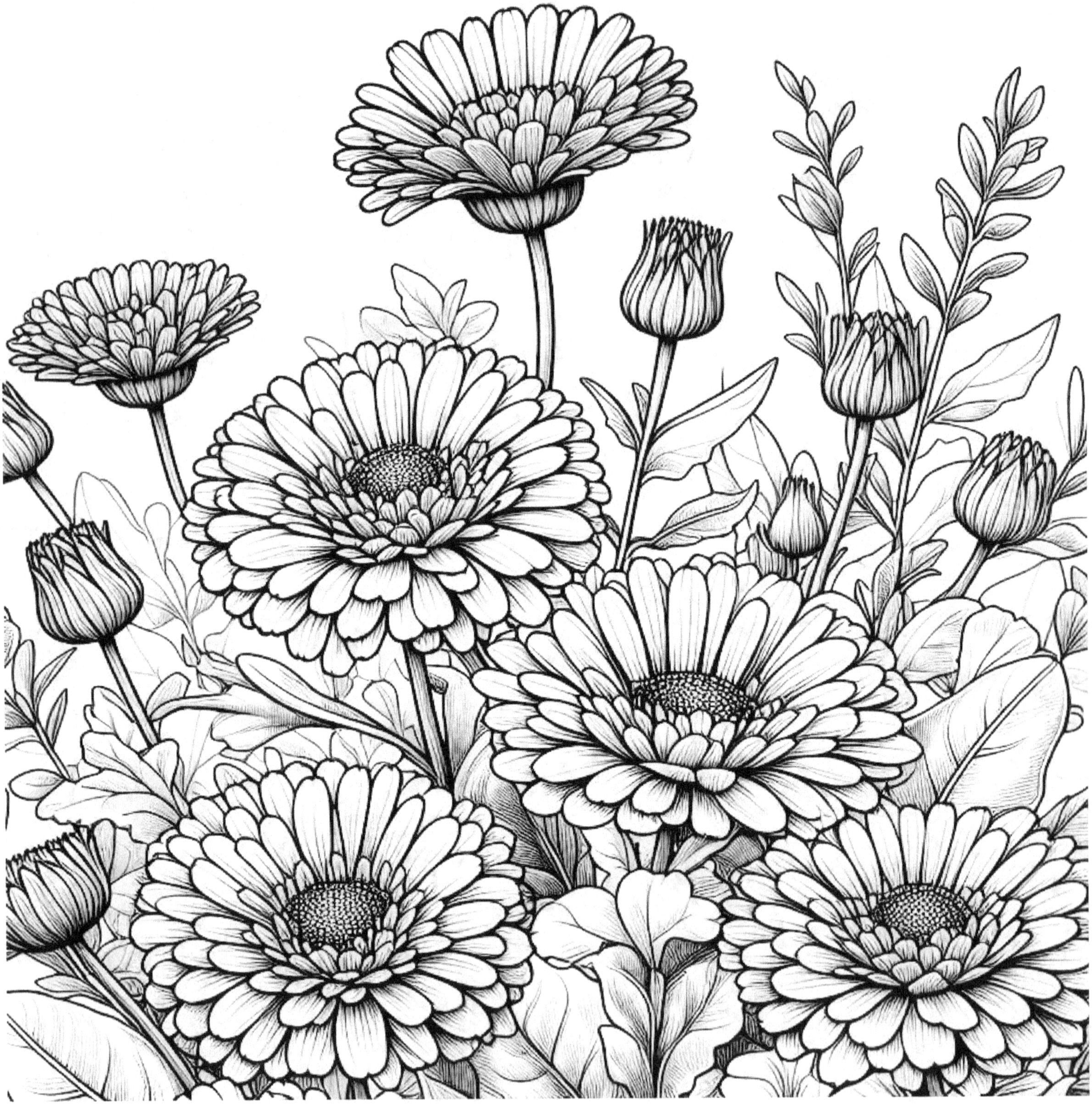

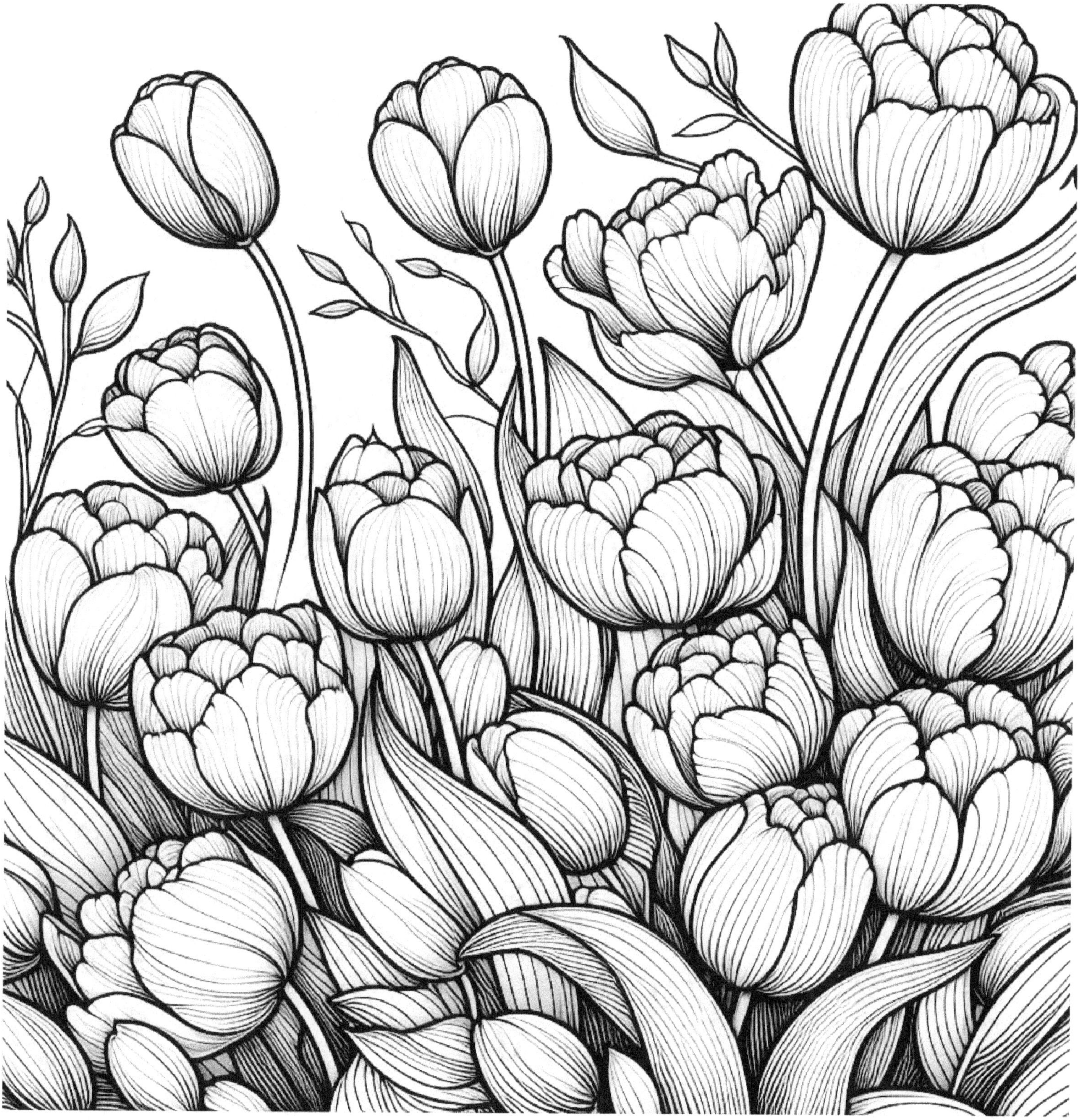

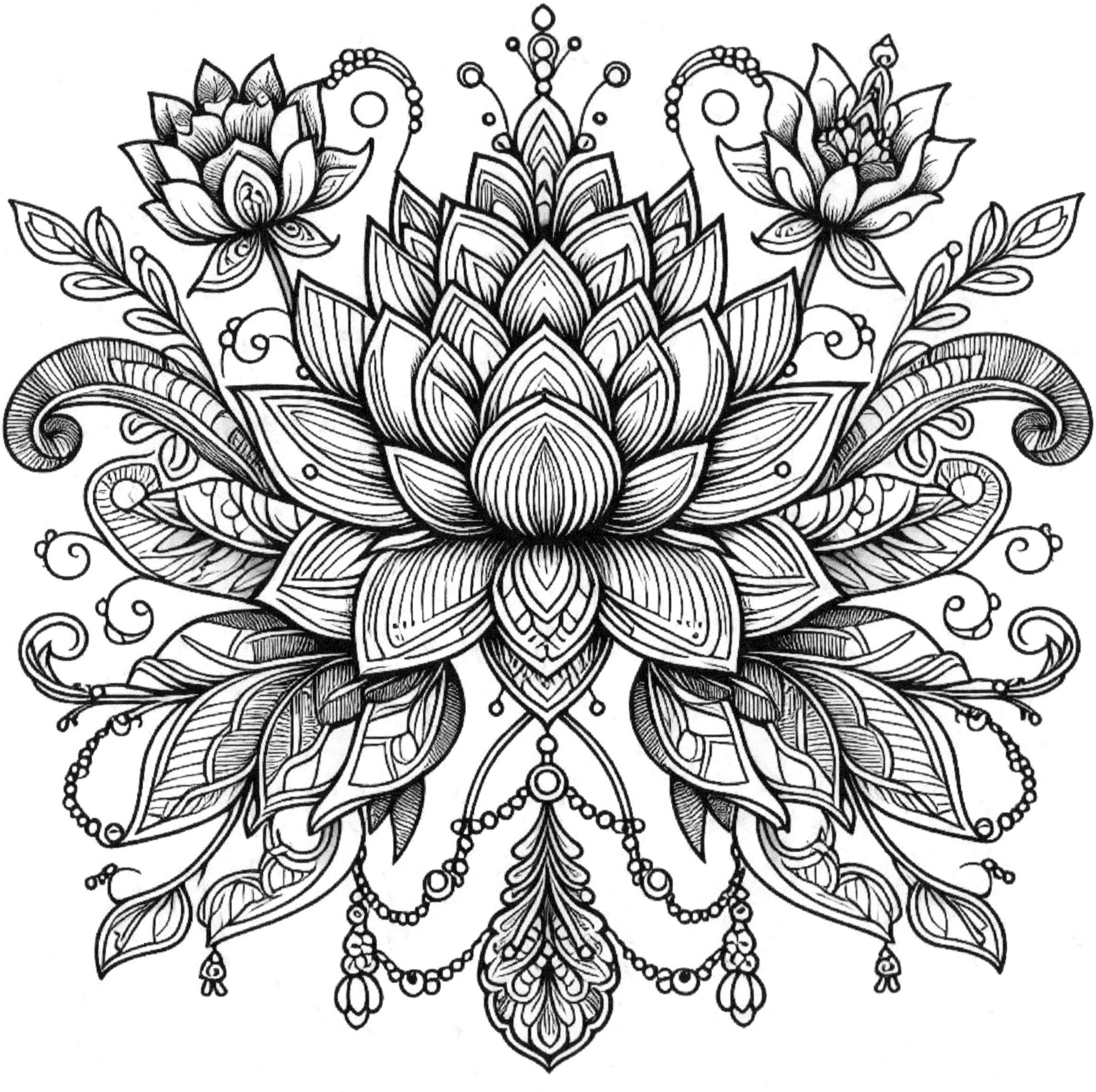

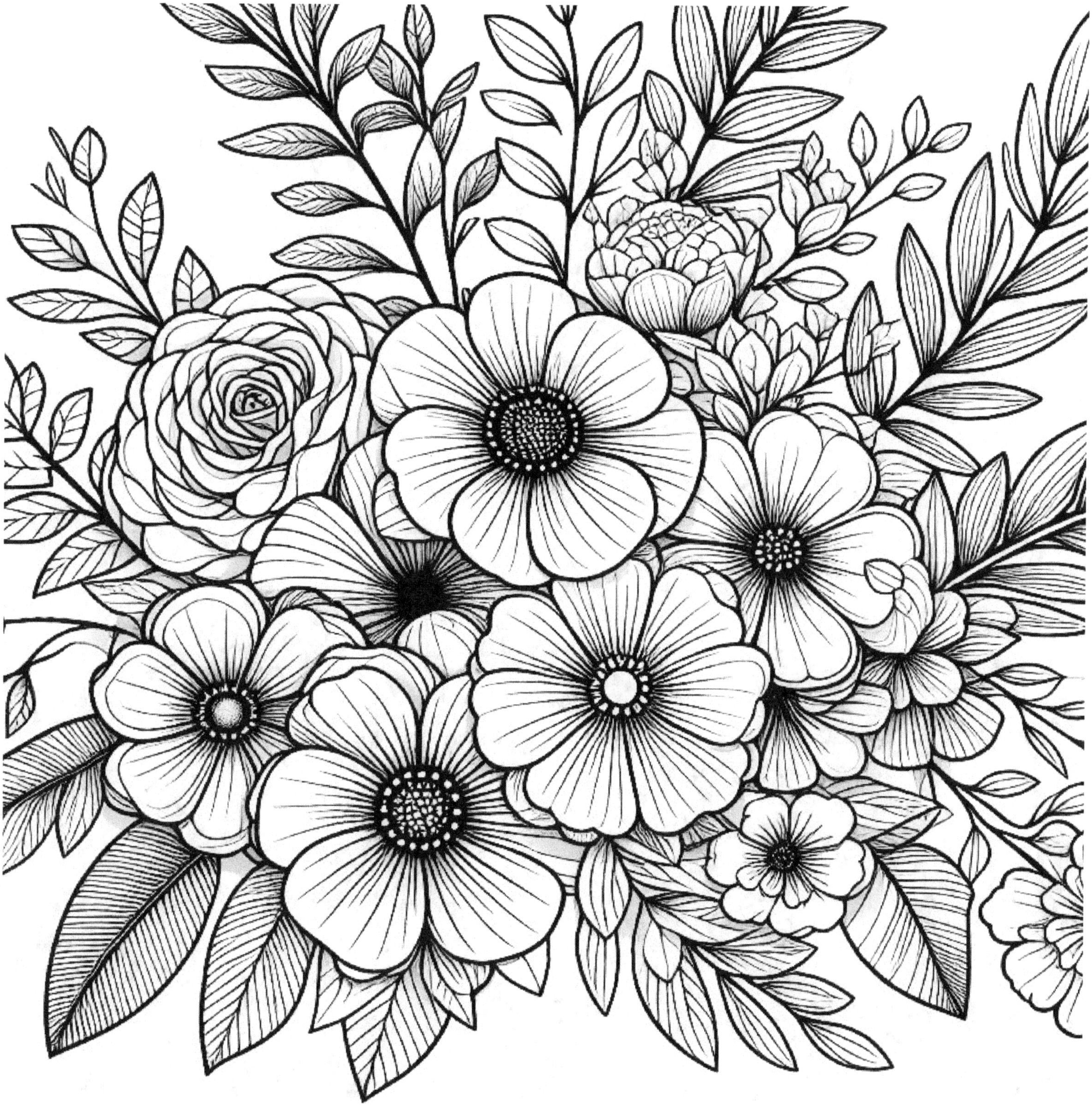

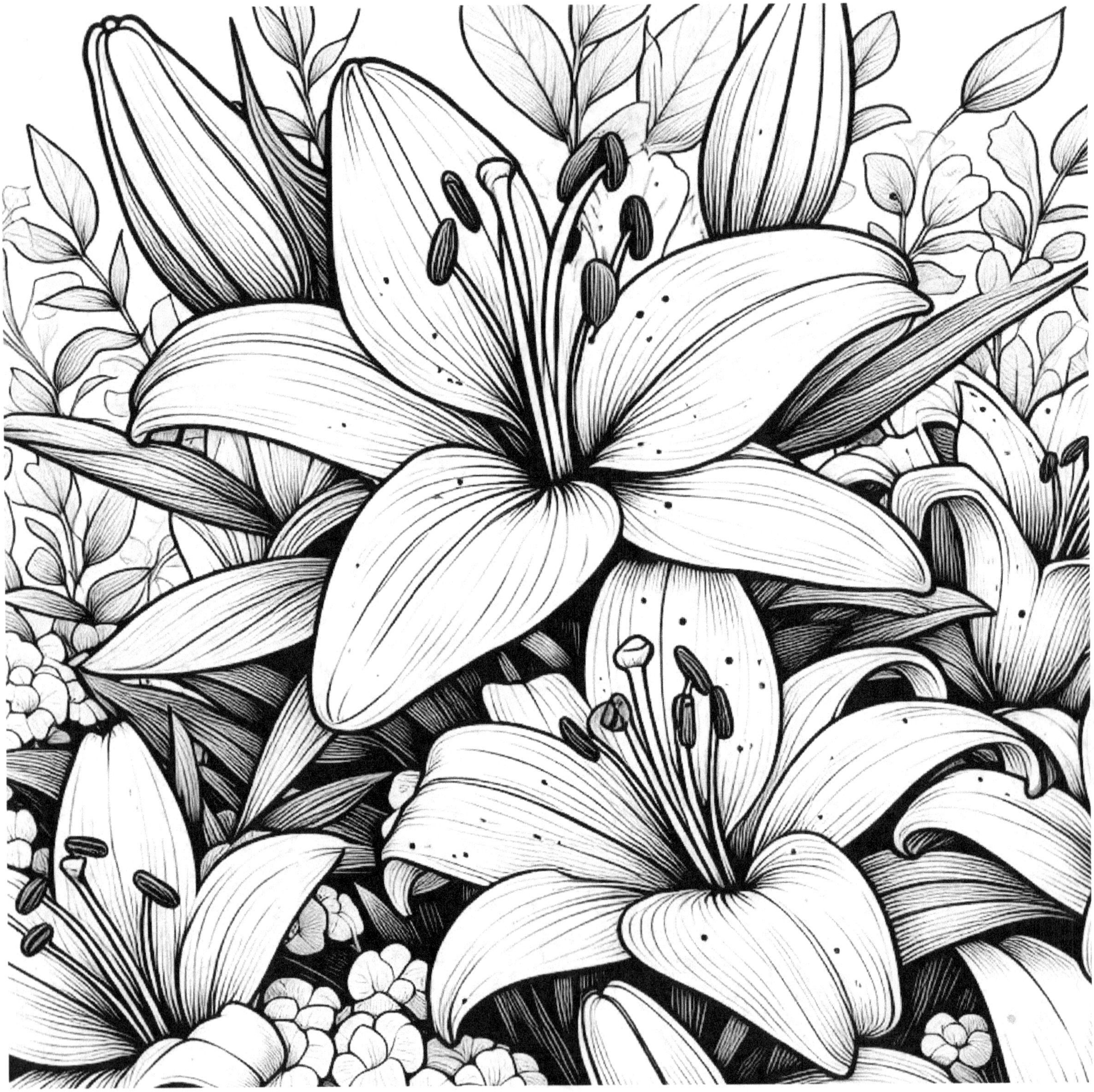

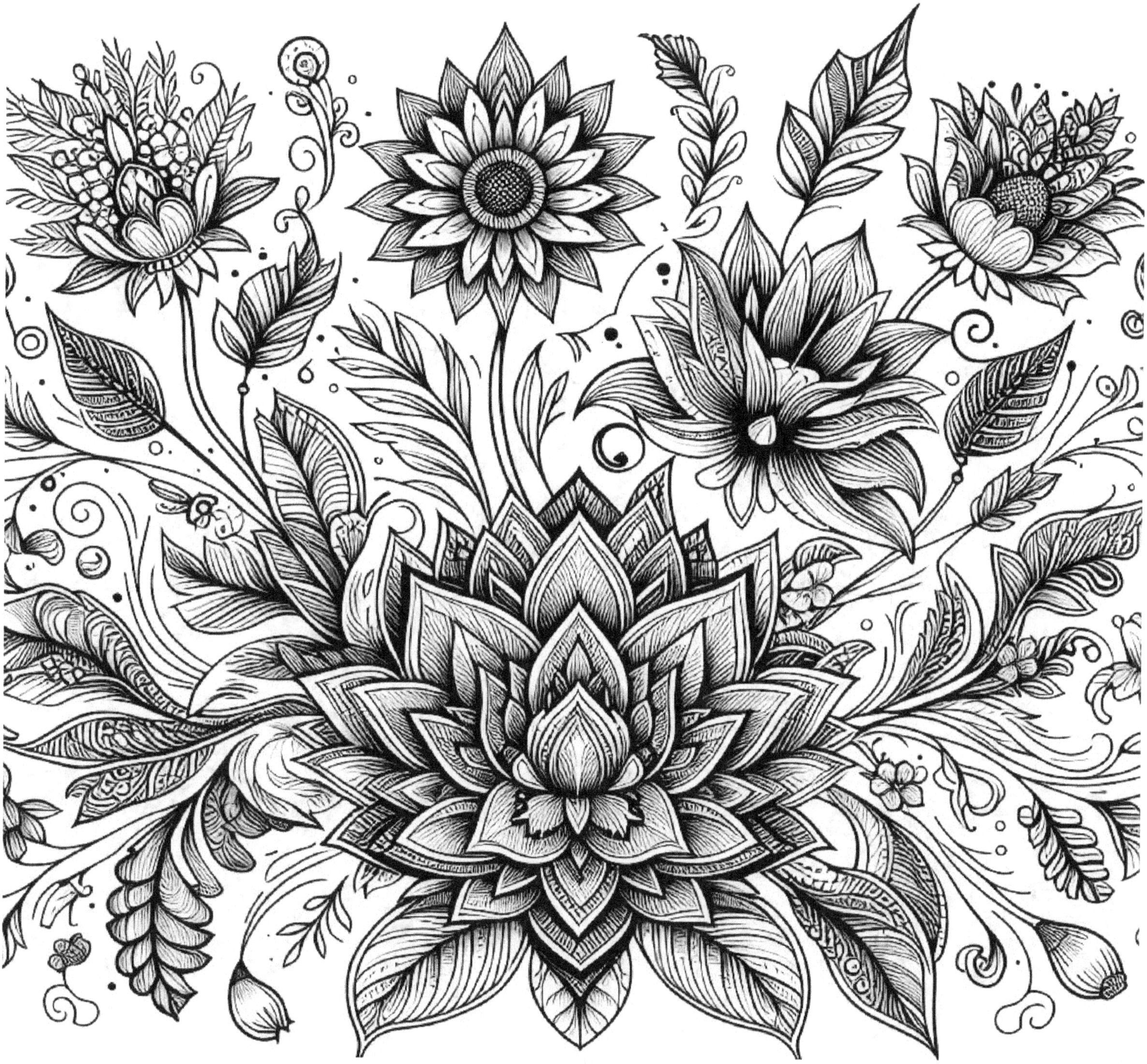

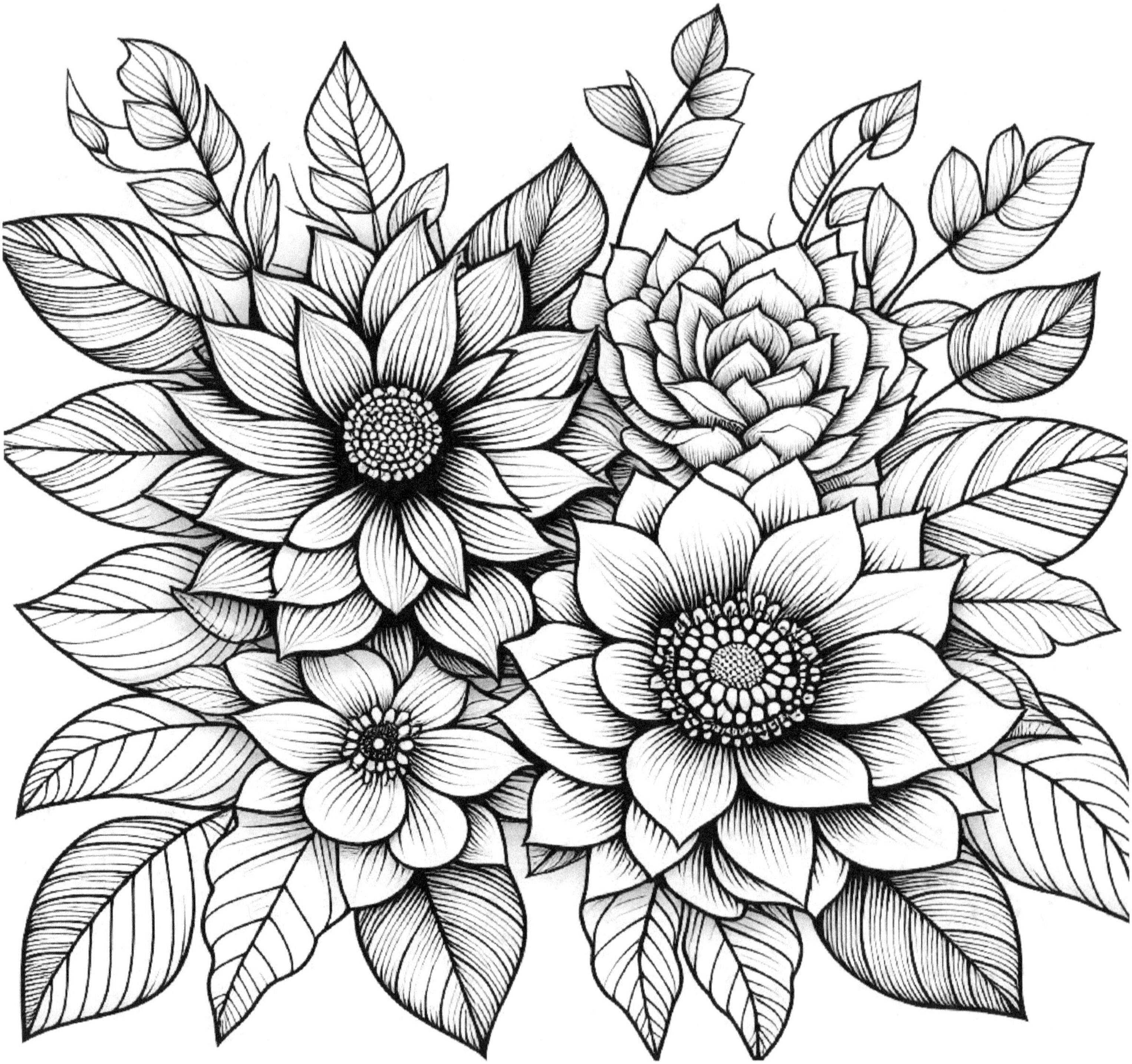

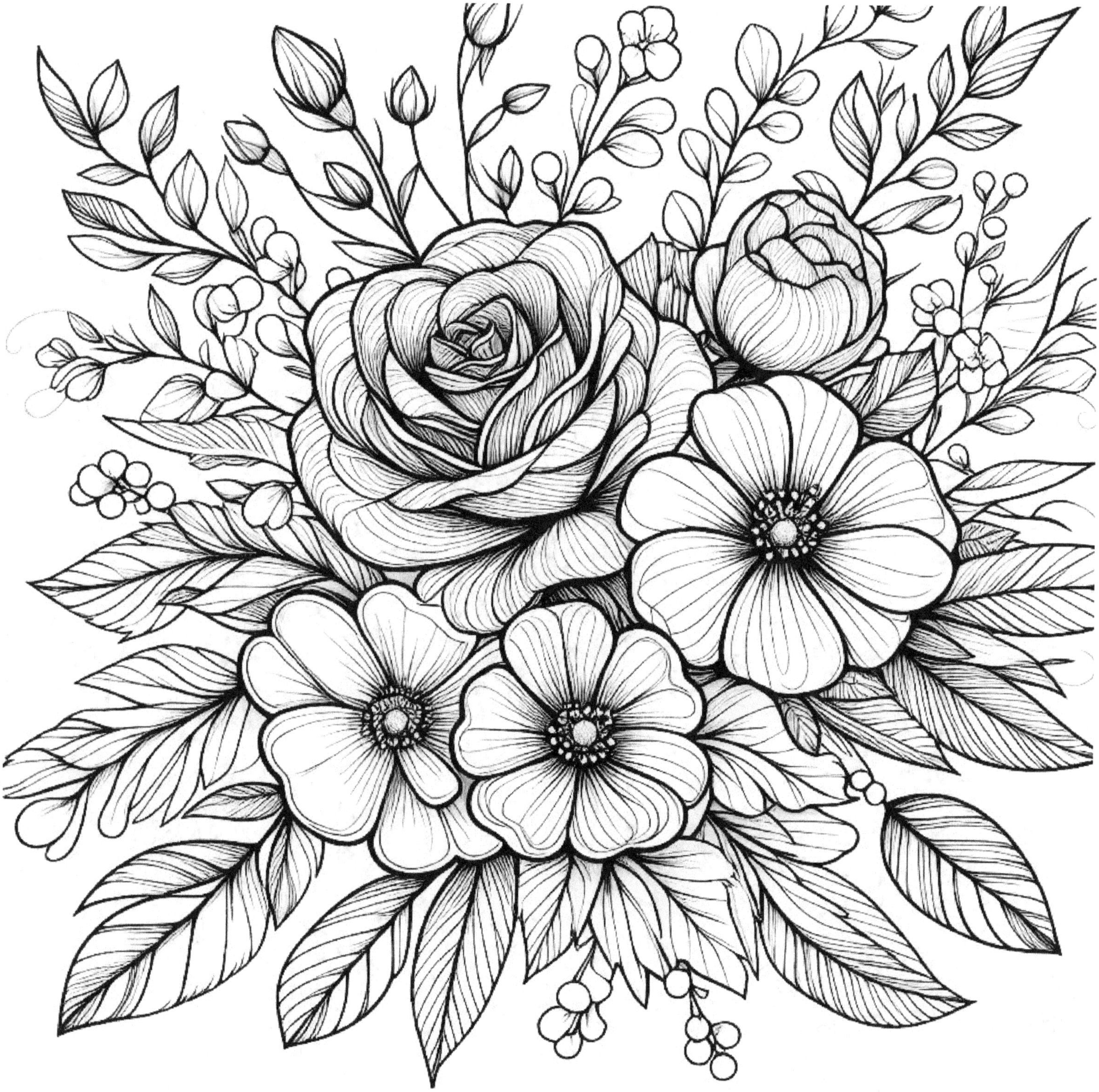

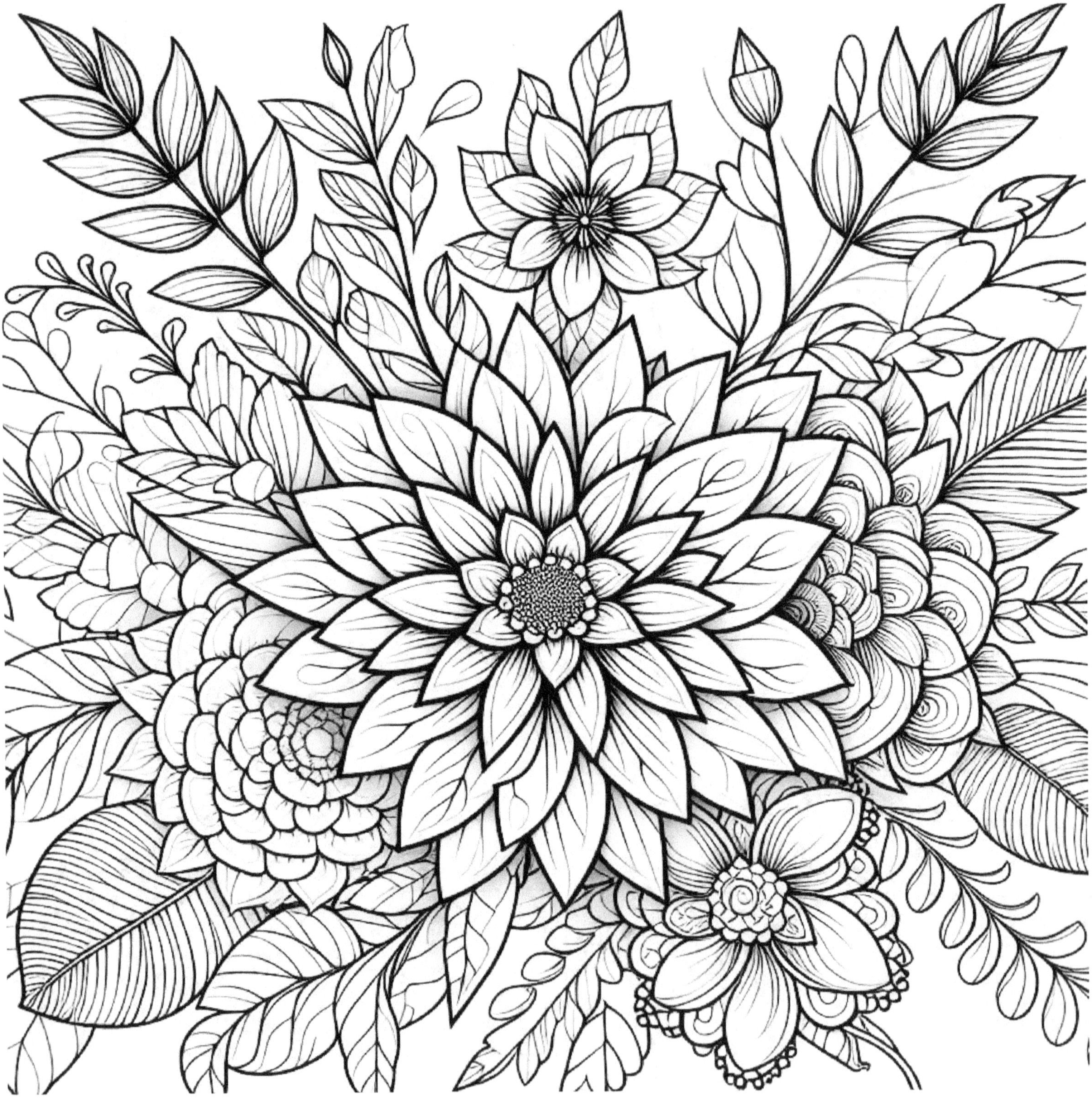

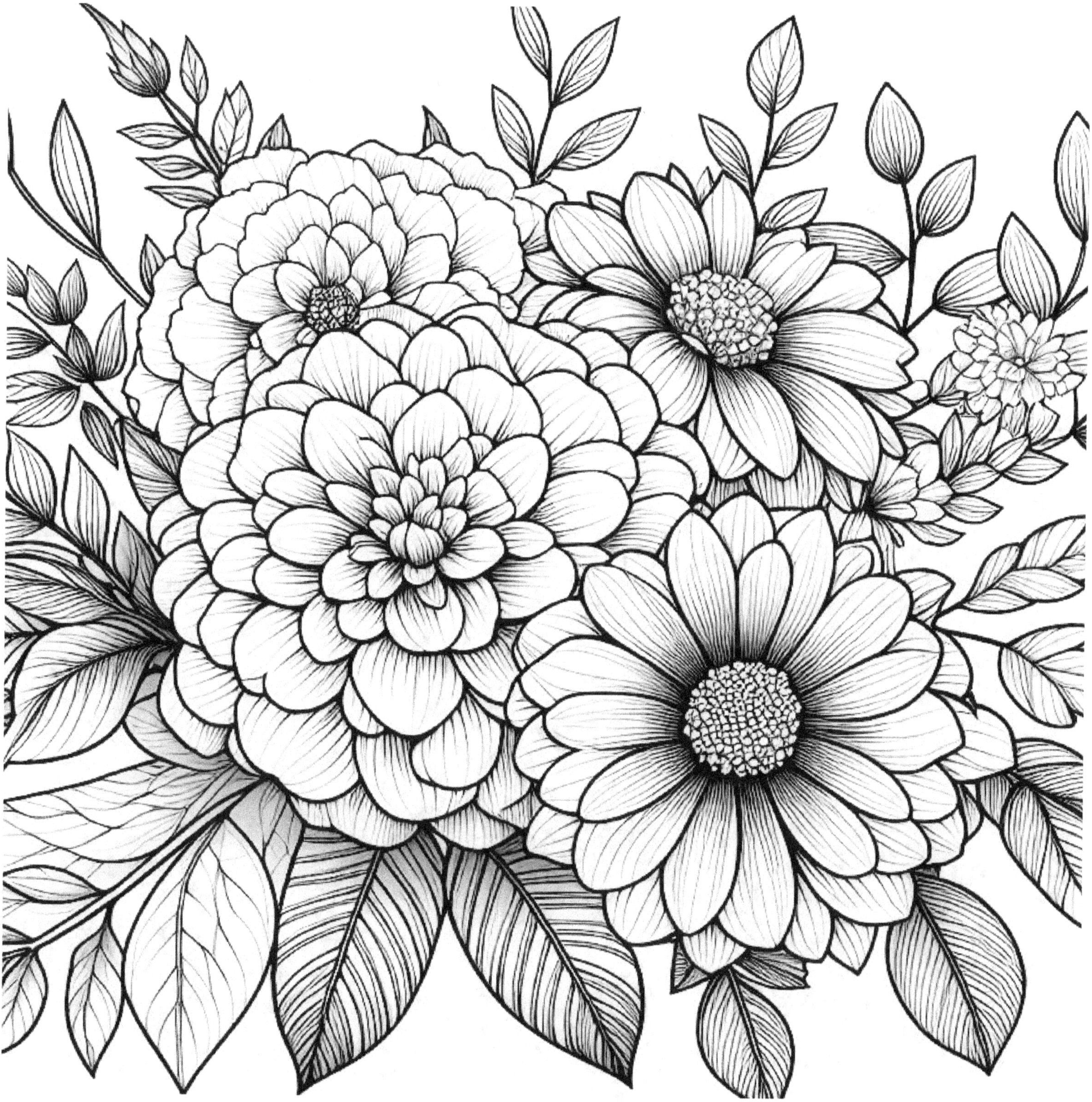

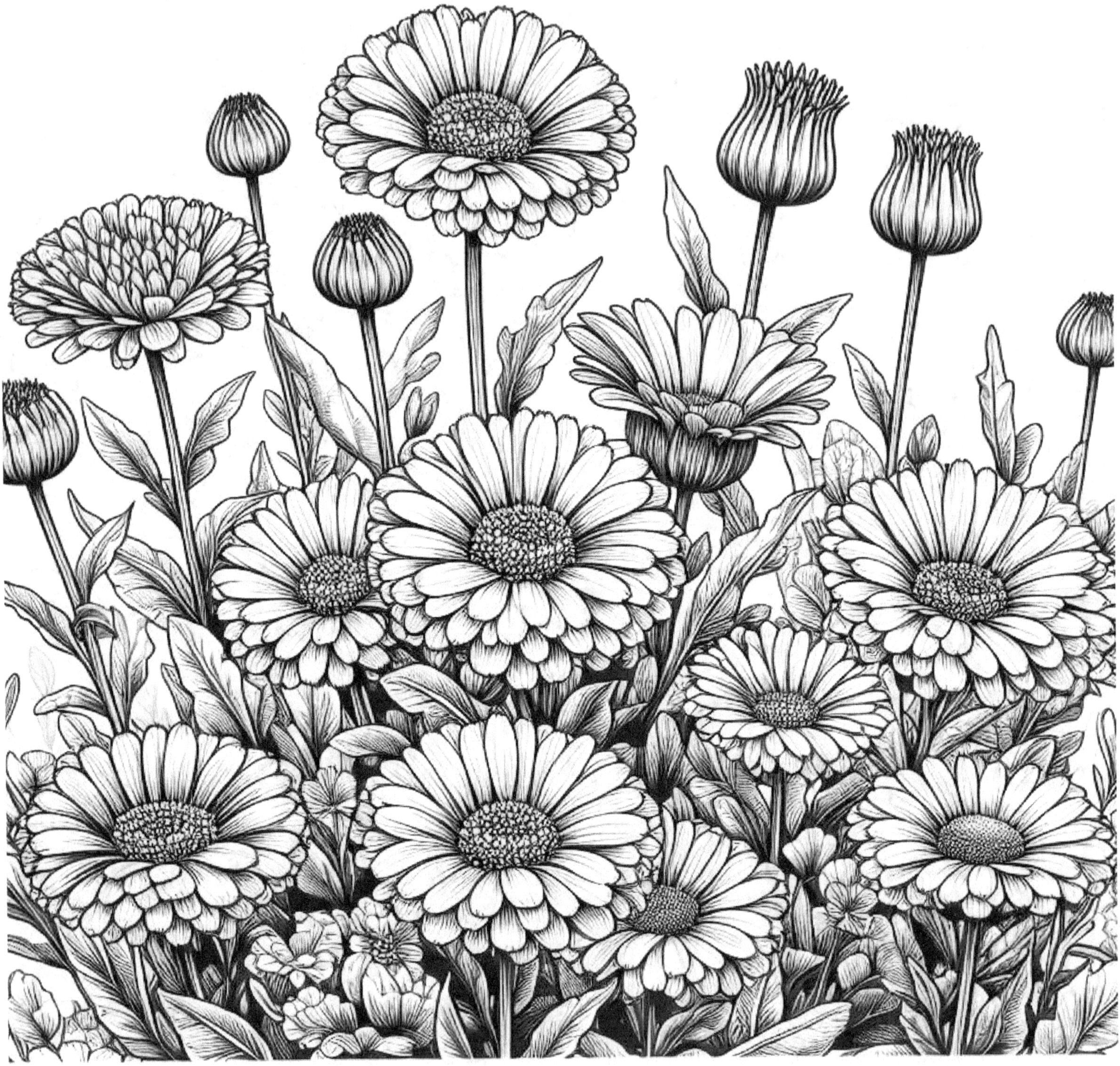

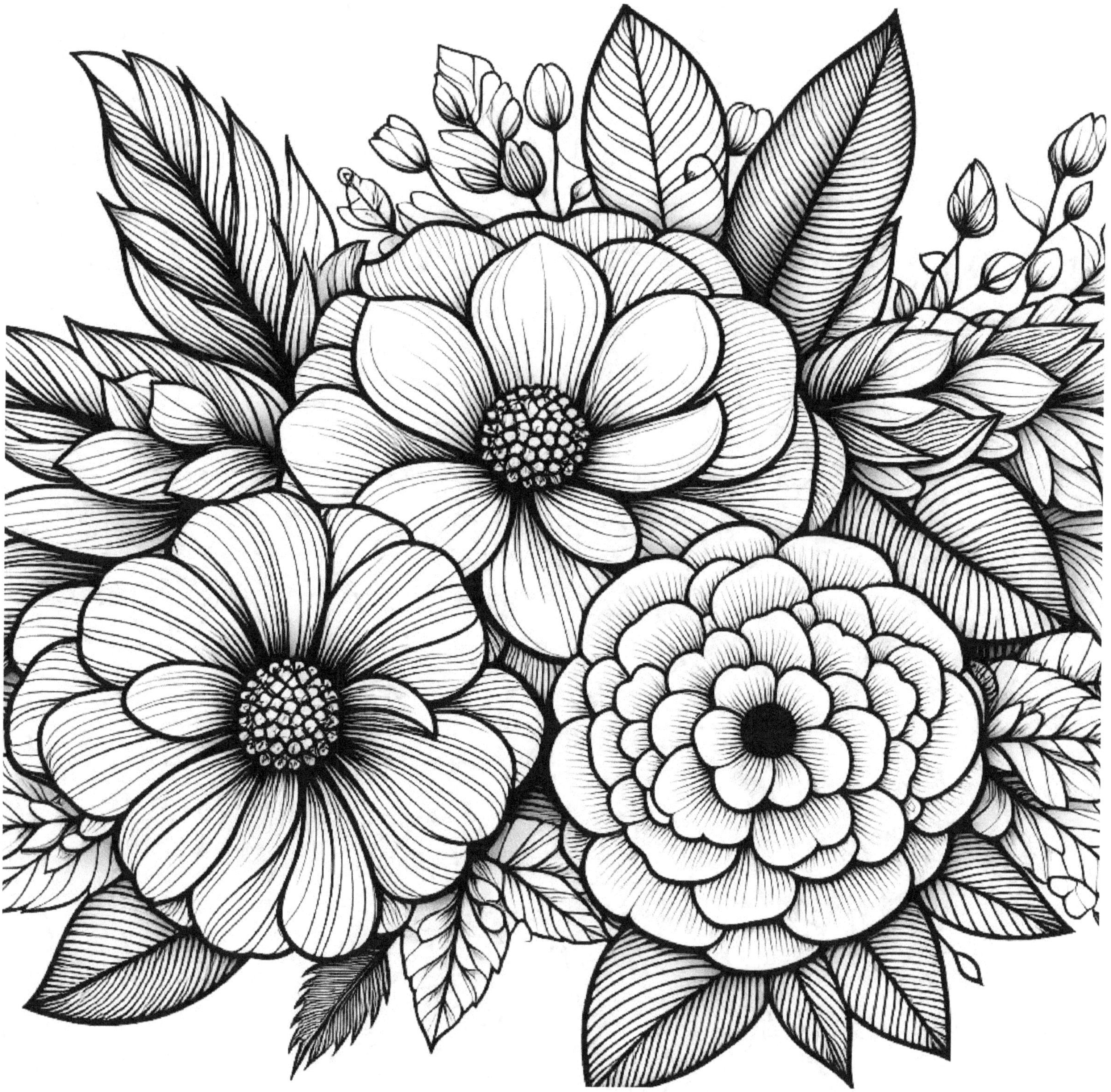

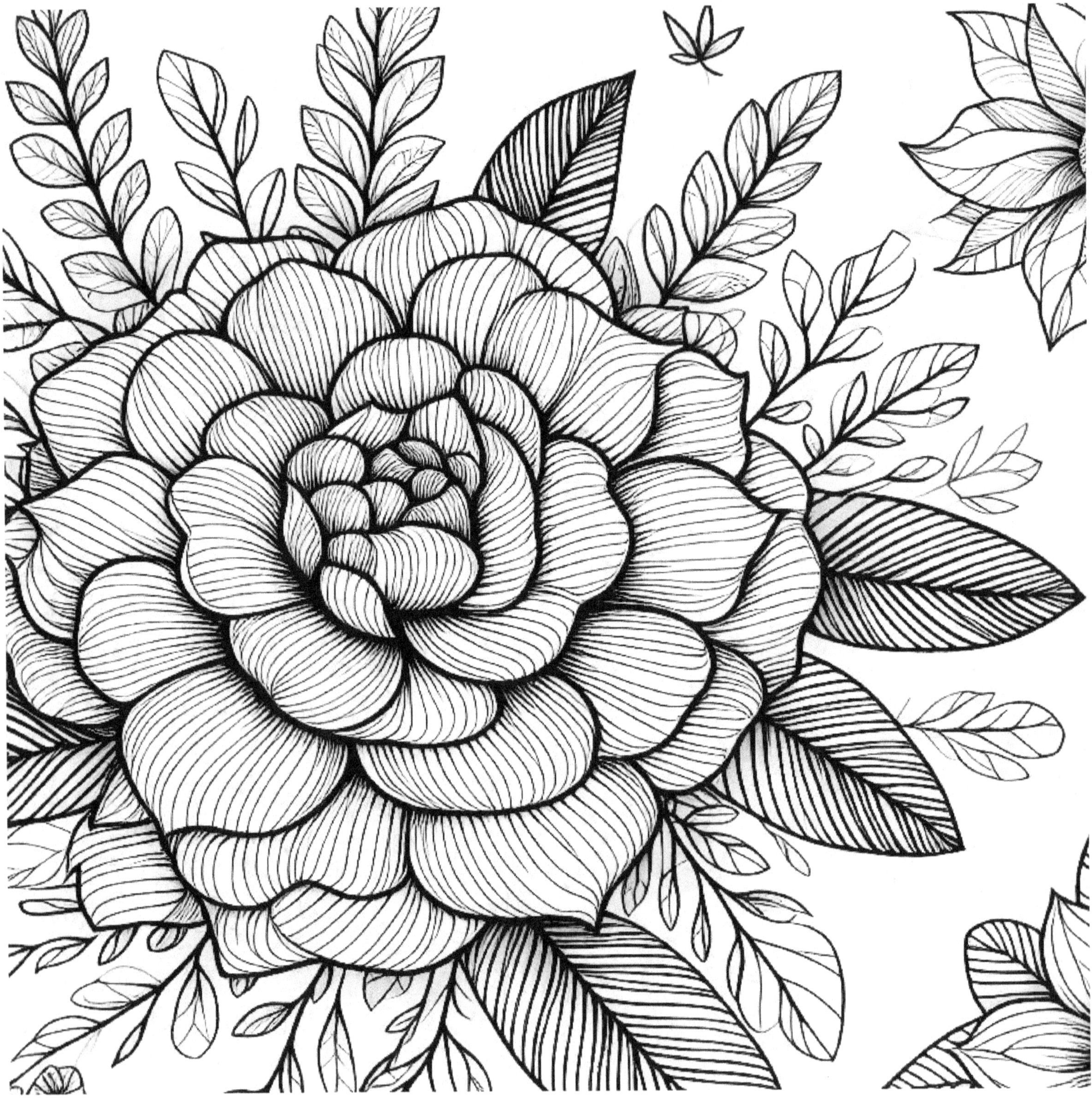

www.ingramcontent.com/pod-product-compliance
Lightning Source LLC
Chambersburg PA
CBHW081021240526
45471CB00018B/3938
9798321353707